企业财税合规实操指南

纳税筹划与稳定盈利

洪梅 ◎ 著

中华工商联合出版社

让企业稳健前行的秘密武器

作为一位企业老板，我深知每一位老板每天都面临着各种压力，我们努力拉业务、抓订单、提升产品质量，心里总想着如何让企业在竞争激烈的市场中脱颖而出。然而，在这个过程中，税务合规常常被我们放到了一边。毕竟，谁会愿意花时间去研究复杂的税务政策呢？我们更关心的是如何快速提升业绩、扩大市场份额。

但是，税务合规其实是我们每个企业经营管理中不可或缺的一部分。忽视它，不仅可能导致罚款、诉讼，而且还可能影响公司的声誉和未来发展。回想我接触过的许多企业，有些老板就是因为对税务合规的轻视，结果付出了惨痛的代价。合规不是小事，它应该和我们的企业战略紧密结合，成为推动企业成长的秘密武器。

在本书中，我将带大家一起探讨税务合规的重要性以及如何有效地将其融入企业战略中。我们会讨论全球税务环境的变化，特别是数字经济时代的挑战。各国的税务政策和监管要求都在不断演变，企业需要灵活应对这些变化，才能在市场中立于不败之地。

除了理论，我们还会分享一些真实的案例，这些案例来自我多年与企业合作的经历。你将看到一些企业是如何通过合规获得成功的，而另一些企业则因为忽视合规而陷入麻烦。希望这些案例能让你在面对税务问题时，少走弯路，减少不必要的麻烦。

在这本书中，我会尽量用简洁、明了的语言来阐述复杂的税务概念，确保每一位读者都能轻松理解。因为我明白，作为老板，我们的时间宝贵，不能浪费在难以理解的专业术语上。同时，我也希望通过这本书，帮助你们建立起税务合规的意识，将其视为企业健康发展的基石。

我想强调的是，税务合规不仅仅是企业财务部门的责任，更是每一位员工的共同使命。我们必须在公司内部营造一种合规文化，让大家都意识到诚信经营的重要性。只有这样，企业才能在风云变幻的市场中，持续稳健地成长。

感谢你们选择这本书，希望它能成为你们在税务合规道路上的得力助手，成为税务合规的工作指南。

目 录

◆ 第一章
税务合规让企业稳步前行

第一节　税务合规就是企业发展的基础 // 2

第二节　把握全球趋势，找准赚钱机会 // 8

第三节　合规和增长双引擎驱动 // 12

第四节　企业合规影响社会和经济 // 18

◆ 第二章
老板必须懂的税务合规领导力

第一节　税务合规是企业发展必修课 // 24

第二节　又赚口碑又赚钱，双赢靠合规 // 30

第三节　把合规融入企业的 DNA // 34

第四节　稳定长远发展，税务合规不能少 // 40

第五节　税务筹划与战略发展两手抓 // 46

◆第三章
企业应知的金税四期应对方法

第一节　金税四期让税务监管更智能 // 56

第二节　企业税务管理要跟上新变化 // 62

第三节　应对金税四期的实战技巧 // 67

第四节　真实案例：如何在金税四期下成功转型 // 72

◆第四章
新《公司法》下的税务合规注意事项

第一节　新《公司法》对企业的税务新要求 // 78

第二节　公司治理与税务合规双管齐下 // 85

第三节　新法下的税务合规实操指南 // 91

第四节　真实案例：灵活应对新法规，合规更省心 // 96

◆第五章
《会计法》改动对税务合规的影响

第一节　新《会计法》的变化 // 106

第二节　会计和税务合规的紧密配合 // 115

第三节　新《会计法》下的税务报告 // 122

第四节　真实案例：跨部门合作，合规效率更高 // 127

◆ 第六章
业财税法一体化，让合规更简单

第一节　业财税法同步起来才高效 // 132

第二节　跨部门合作，合规更轻松 // 137

第三节　多部门一体化的具体步骤 // 142

第四节　真实案例：一体化如何助力企业合规 // 149

◆ 第七章
全方位防范税务风险

第一节　一眼看穿税务风险在何处 // 154

第二节　建立企业的税务安全网 // 159

第三节　税务稽查的应对策略 // 164

第四节　真实案例：税务风险避坑实用经验分享 // 172

◆ 第八章
数字化让税务合规更容易

第一节　数字化转型是税务合规的必经之路 // 178

第二节　用智能工具提升税务效率 // 182

第三节　数字化生态系统帮企业省心 // 186

第四节　人工智能是未来的税务管理助手 // 190

◆ 第九章
跨境经营的税务合规

第一节　国际税务环境的应对方法 // 196

第二节　跨国公司遇到的税务难题 // 202

第三节　反避税策略，不懂就会吃亏 // 207

第四节　跨境税务合规的成功经验分享 // 212

◆ 第十章
持续优化税务合规，打造顶级企业

第一节　税务合规的关键要素 // 218

第二节　税务合规的长期优化 // 222

第三节　税务合规与战略结合 // 228

第四节　税务合规的未来展望 // 234

第一章

税务合规让企业稳步前行

第一节
税务合规就是企业发展的基础

老张是一家电子产品企业的老板,创业十几年,从一个小作坊到了现在小有规模。最近几年,生意越来越好,客户越来越多,老张的心也越来越大。他准备扩大厂房,再招聘一批工人,把生意做得更大。

就在他规划未来蓝图的时候,麻烦来了。税务局发了一封通知,要求补缴两年的税款,还附带一笔不小的罚款。老张这下慌了:"我平时不偷税不漏税,怎么还会出事?"

他找财务一查,发现问题根本不在于此,而是日常的税务合规没做好。很多账目上的小疏忽及发票管理不严,导致公司在税务上漏洞百出。老张这才意识到,企业做大了,光靠头脑灵活、经验丰富不行,税务合规也是企业长远发展的基础。

老张的故事并不是个例。很多中小企业老板在创业初期,依靠经验和人脉来打拼,认为只要生意好、赚钱多,其他问题就都能解决。然而,随着公司规模扩大,税务问题逐渐浮出水面,往往让人措手不及。这一节我们来聊聊,为什么说税务合规是企业稳步前行的基础(如图1-1所示)。

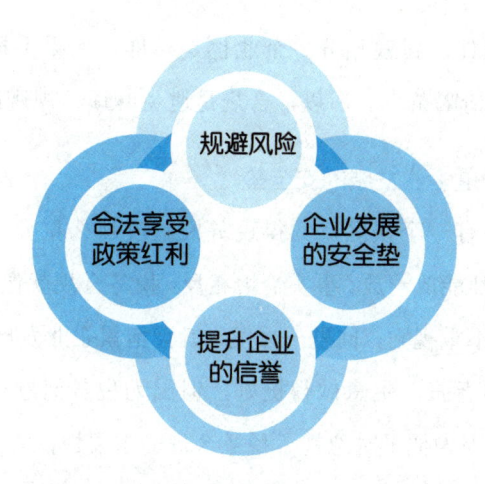

图 1-1　税务合规对企业的四项重要作用

一、合规，才能规避风险

税务合规，白话说就是按照国家的税法规矩办事，合法经营，按时申报，如实纳税。这不仅是法律要求，还像是企业的"防火墙"，保护企业免受风险侵害。如果你的企业平时管理不严、账目混乱，那早晚会被税务局发现。简单点说，税务局可是个"火眼金睛"的存在，尤其是金税四期上线后，数据都在系统里运行，想瞒都瞒不住。

李老板是做餐饮的，这两年生意越来越好，但他平时管理松散，发票管理没跟上。结果今年，税务局突然通知他需要补缴税款，外加罚款。李老板觉得自己冤枉，可回头一查账，发现公司有几笔收入没有开具发票，账面和实际不符，被税务局发现了漏洞。

税务合规做不好，企业不仅要补缴税款，还可能面临巨额罚款，严重的还会影响企业的运营。这就好比开车，你不遵守交通规则，早晚有一天会被交警抓住，罚钱扣分。企业也是一样，如果不按照税法办事，终有一天会被"请喝茶"。所以，合规是避免麻烦、规避风险的根本。

二、合规，是企业发展的安全垫

很多老板都有一个误区，觉得税务问题没那么重要，只要生意好、钱赚得多，其他都能放一放。事实恰恰相反，税务合规就像企业的一张"安全垫"。如果你不重视它，问题一爆发，就会拖累企业发展，影响现金流。

前面提到的老张，生意做得挺好，但因为税务问题一夜之间被打回原形。为什么？因为他平时忽视了税务合规的重要性，等到税务局上门，他才发现问题的严重性。这不仅让他损失了一大笔资金，而且还错失了一个扩大生产的好机会。

税务问题可不是等你有时间了再去处理的"琐事"，长期忽视的话，它就像埋在企业里的定时炸弹，随时可能爆发。如果你平时不重视，等到爆发的时候，不仅企业的现金流会被拖累，扩展业务的计划也会搁浅。很多企业就是因为在关键时刻被税务问题绊倒，才错失了扩大规模、抓住市场的机会。

税务合规就是企业在复杂市场环境中的"防护网"。只有做好税务合规，企业才能在稳健发展的同时避免不必要的税务风险。这是一张软着陆的"安全垫"，确保企业在遭遇突发状况时，不至于摔得太惨。

三、合规，能提升企业的信誉

税务合规不仅是企业内部的事情，它直接影响到企业的外部形象和信誉。与大客户合作或参与政府项目时，尤其是一些大型企业，往往会查看合作伙伴的税务信用。税务信用良好的企业更容易赢得信任，反之，税务问题频发的企业，客户合作会越来越难。

小王是一家制造业公司的老板，他的公司原本和一家大型国企谈合作，眼看合同就要签了，结果在对方审核企业信用时，发现小王的公司在过去几年里因为税务问题被罚过好几次。于是，这家国企立刻放弃了合作计划，小王白白损失了一笔大订单。

其实，这样的事情屡见不鲜。很多大公司和政府项目对税务信用要求严格，如果企业的税务信用有问题，就可能被视为高风险对象，失去重要的合作机会。而且，在政府的招投标项目中，税务信用差的企业几乎没有机会中标。

相反，一个税务合规、信用良好的企业，不仅能避免税务麻烦，还能提升在行业中的竞争力。合规企业在市场中的信誉更好，客户更愿意合作，银行更愿意贷款，市场也更愿意给予机会。这也是越来越多的企业开始重视税务合规的原因，它是企业长远发展的"软实力"。

四、合规，才能合法享受政策红利

每年，国家都会出台一系列税收优惠政策，扶持中小企业的发展，比如研发费用加计扣除、小微企业的税收减免等。但要享受这些政策的前提是，企业必须做到税务合规。你不合规，再多的优惠政策也和你没关系。

小刘的公司前两年申请了研发费用加计扣除，按理说能享受不少税收优惠。可问题来了，他公司账目管理混乱，发票不齐全，导致申报时被驳回，一分钱的优惠都没拿到。小刘这才意识到，税务合规做不好，再好的政策也享受不到。

国家出台的这些优惠政策，是为了扶持企业发展的，尤其是中小企业。

但是，如果你的公司日常账目不清，税务申报不及时或者不准确，那税务局很难认定你的公司是合规经营，自然也不会让你享受这些政策红利。合规经营不仅能帮助企业避免麻烦，还能让企业合法享受税收优惠，减少不必要的税务负担。

▶ 财税小贴士

税务合规听起来可能觉得是件麻烦事儿，可这其实是企业能长久走下去的根基。小看它，将来可能就要在这上面吃亏。市面上那么多企业，税务合规做得好的，才能稳稳当当地走得更远。

提醒各位老板，别等税务问题找上门才后知后觉。从现在开始，把税务合规当回事儿，就像给企业上了个保险，让企业顺风顺水地发展！

🎓 老洪案例汇

个税漏缴引重视，税务提醒促合规

前几我看到了税务部门公布的一起涉税违法典型案件，事情是这样的：

陈某在一家策划公司上班。去年，税务部门对大家的个人所得税进行了抽查，结果发现陈某忘了做2021年的个税汇算清缴。

税务部门先给陈某提了个醒，让他赶紧去办理。但陈某可能太忙了，或者没把这当回事，就没去办。于是，税务部门就决定对他进行更深入的调查。

这一查，就发现问题了。陈某因为没做汇算清缴，少缴了个人所得税。税务部门根据相关法律，决定让陈某补缴税款，还要加上滞纳金和罚款，一共是13.35万元。

陈某收到税务部门的处理决定和处罚通知后，意识到事情的严重性，赶紧把钱都缴清了。

税务局的负责人也提醒大家，每年的个税汇算都很重要，千万别忘了办。而且，还要检查以前有没有漏报、错报的情况，赶紧纠正。

如果税务部门发现你有问题，他们会先提醒你、督促你整改。但如果你不理会，或者整改得不彻底，那他们就会对你进行更严格的调查，甚至把你列入税收监管的重点名单，接下来的几年会对你加强审核。所以，大家要守法纳税，做个好公民。

第二节
把握全球趋势，找准赚钱机会

老李是一家中小型制造企业的老板，靠着经验和人脉做了二十多年生意，企业规模逐步扩大。可最近几年，他感觉生意越来越难做了：订单减少，客户变得挑剔，利润空间越来越小。面对这样的困境，老李一直摸不着头脑，总觉得自己还是按照老办法做事，为什么生意却停滞不前？

一次偶然的机会，老李参加了一个行业论坛，听了一位经济学专家的演讲，才突然醒悟：原来，全球经济形势已经发生了巨大的变化，特别是供应链、消费需求和国际市场的波动，直接影响到企业的运营和利润。如果继续按老办法，等着订单上门，早晚会被市场淘汰。要想继续赚钱，必须紧跟全球趋势，调整策略，找到新的机会。

老李的故事告诉我们，企业不管规模大小，都不能仅仅依赖过往的经验和熟悉的市场。如果你还在"按部就班"，没有及时了解全球经济趋势，可能会错过大把赚钱的机会。那么，中小企业老板该如何把握全球趋势，找到合适的赚钱机会呢（如图1-2所示）？

01 跟紧国际市场，开拓新客户
02 紧盯全球供应链，优化成本结构
03 借力技术创新，提升竞争力
04 顺应绿色发展潮流，抢占环保商机

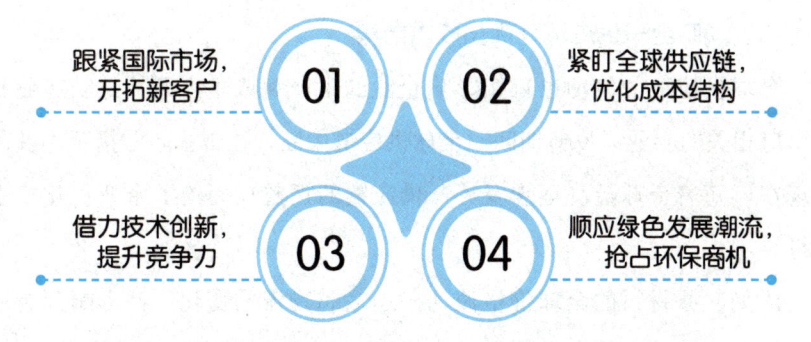

图1-2　中小企业把握全球趋势的四项策略

一、跟紧国际市场，开拓新客户

全球化的背景下，企业的机会不仅限于国内市场，国外市场同样充满了商机。随着全球消费需求的变化和各国经济政策的调整，不少中小企业通过出口和跨境电商找到了新的增长点。尤其是在一些新兴市场，如东南亚、非洲等地，消费力正在快速上升，这为企业提供了广阔的市场空间。

小陈的工厂原本只做国内订单，但后来发现东南亚地区对他生产的服装需求量很大。于是他开始通过跨境电商平台打入东南亚市场，短短一年时间，销售额翻了好几倍。像小陈这样的小企业，完全可以通过出口、跨境电商、海外分销等方式，开拓新市场，找到新的客户源。

如果你的产品具备国际竞争力，不妨考虑开拓海外市场。你可以关注国际贸易政策、关税调整等信息，特别是一些"一带一路"共建国家的市场，政策支持力度大，市场需求也在快速增长。跨境电商平台、展会等都是不错的渠道。

二、紧盯全球供应链，优化成本结构

全球供应链的波动也直接影响企业的生产和成本，尤其是制造业和进出口相关的企业。疫情期间，全球供应链中断，让很多企业措手不及。而现在，随着全球经济逐步复苏，供应链的调整反而给了企业优化成本的机会。

比如，原材料的全球价格波动，运输和物流的变化，都影响到企业的生产成本。聪明的老板会提前关注这些全球趋势，寻找更便宜、稳定的供应链来源，减少对单一供应商的依赖，分散风险。小王的企业就是一个好例子，他发现欧洲的原材料价格上涨后，及时调整供应渠道，转向了东南亚市场，不仅稳定了供应，还大大降低了成本。

老板们要定期关注全球供应链的变化，比如原材料价格、国际运输情况等，提前做好规划，优化企业的成本结构。不要把鸡蛋放在一个篮子里，尽量分散供应链，降低风险。

三、借力技术创新，提升竞争力

全球科技进步迅猛，新技术的应用不仅能提高生产效率，还能帮助企业找到新的市场机会。例如，人工智能、大数据、物联网等技术的应用，让企业能够更精准地分析市场需求，提升生产效率，从而在竞争中占得先机。

小李原本是做传统制造的，但随着全球智能化趋势的崛起，他意识到如果继续靠人工生产，早晚会被淘汰。于是，他引进了智能生产线，大大提高了生产效率，不仅减少了人工成本，还提升了产品质量。在国内市场站稳脚跟后，他又通过智能化工厂的优势打入了国际市场，成功打开了海外订单的大门。

老板们要密切关注全球科技创新的趋势，思考如何将新技术引入企业的运营中。例如，利用大数据分析客户需求、通过人工智能优化生产流程，或是借助物联网提升供应链管理效率。这些技术不仅可以提升企业的竞争力，还能为你带来新的赚钱机会。

四、顺应绿色发展潮流，抢占环保商机

全球各国对环保要求日益严格，绿色发展成为不可逆转的趋势。许多国家和地区都在推行环保政策，鼓励企业采用绿色能源、减少碳排放。中小企业如果能够顺应这一趋势，不仅能够获得更多的政策支持，还能通过"绿色产品"获得更多的市场认可。

> 老刘的化工厂之前因为环保不达标，订单量越来越少。后来，他通过引入环保设备，改用绿色原材料，不仅获得了政府的环保补贴，还在国际市场上获得了更多的绿色订单。如今，环保已经成为他公司最大的竞争优势。

建议各位老板关注全球环保政策和绿色发展的趋势，特别是出口企业，更要紧跟国际市场的环保要求。老板们可以考虑通过技术升级、绿色转型，抓住环保领域的商机，为企业开辟新的增长点。

▶ 财税小贴士

做生意不能只看眼前的一亩三分地。全球经济形势风云变幻，只有紧跟全球趋势，才能在变化中抓住机会，找到新的赚钱路径。开拓国际市场、优化供应链、借力科技创新、顺应环保潮流，都是你应该关注的方向。机会就在眼前，别让错过的商机成为企业发展的障碍。

第三节
合规和增长双引擎驱动

  老周是个老牌公司的老板，做机械零配件生意已经有二十多年了。这几年，他发现生意越来越难做。市场竞争激烈，利润空间不断被挤压。为了提高业绩，老周想着赶紧扩大生产线，快速把新兴市场份额占住。可就在这时候，麻烦来了——税务局的一纸通知让他不得不停止扩张计划，先把合规问题解决。公司过去几年因为管理不严格，账目上有几处疏漏，现在需要补缴一笔大额税款，还附带不少罚款。

  老周意识到，光盯着增长不行，财税合规出问题，再多的业务也白忙活。他这才醒悟过来，企业要想持续发展，必须合规和增长两手抓，不能顾此失彼。否则，就算眼前扩张成功，税务问题一旦爆发，企业还是得停下脚步，甚至陷入危机。

很多中小企业老板都有一个误区，认为财税合规是个"麻烦事"，会拖慢企业发展的脚步，影响赚钱。于是，他们拼命追求业务增长，却忽视了企业合规经营的重要性。其实，合规和增长并不冲突，两者是企业稳健发展的双引擎。只有以合规为基础，企业才能稳步增长；只有增长够有力，合规才有更大的发挥空间。这一节我们就聊聊，为什么要做到合规和增长双管齐下，才能让企业长远稳健发展（如图 1-3 所示）。

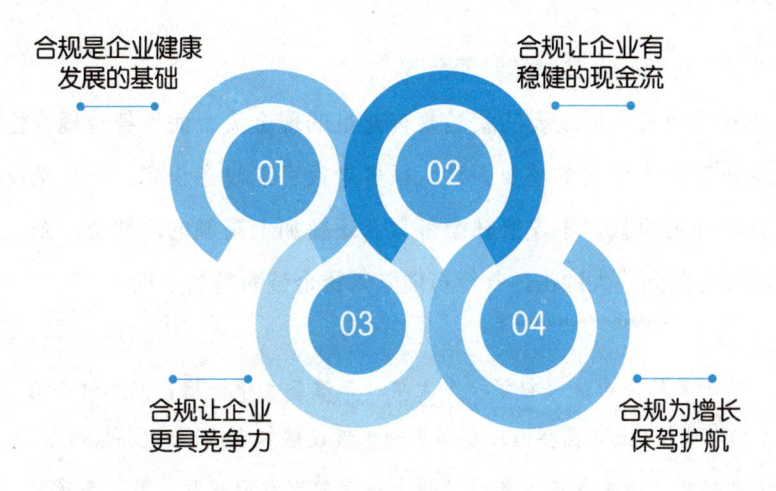

图 1-3　合规和增长两手抓的四个重要原因

一、合规是企业健康发展的基础

合规就像企业的"发动机润滑油"，让整个企业运转得顺畅而高效。没有合规，企业就像一辆没保养好的车子，看似能跑，但总有一天会因问题频发而停滞不前。尤其是在税务合规方面，很多企业没有及时进行规范管理，账目混乱，发票管理不当，或者不按时申报税务，等到税务局发现了，问题就一一暴露出来。

比如上面说的老周，光顾着扩张，忽视了账目的准确性。等到业务做大了，问题也随之而来，拖慢了公司的发展。试想一下，如果他一开始就把合规的基础打牢，不让这些"小问题"积累成"大麻烦"，他的扩张计划早就完成了。

老板们在追求企业发展的同时，千万不要忽视合规管理，要定期检查财务、税务、发票等方面的合规性，确保企业的每一笔交易、每一项支出都能经得起审查。合规是企业的"安全网"，守住合规底线，企业才能放心大胆地去增长。

二、合规让企业有稳健的现金流

企业的增长，最重要的就是要有充足的现金流。而税务合规恰恰是保障企业现金流稳定的重要因素。很多老板可能没意识到，一旦企业因为税务问题被罚款，不仅要补缴税款，还要加上高额的滞纳金，企业的现金流就会受到巨大冲击，甚至可能陷入资金链断裂的危机。

> 小王的公司去年接了一个大单，正准备大干一场，突然税务局上门稽查，结果查出公司过去两年的申报数据不准确，要求补缴税款，还要罚款。小王本来准备的资金全都被用于补缴税款，最后导致扩张计划被搁置，公司差点资金链断裂。

合规管理可以有效避免这些突发事件，确保企业的资金流稳定。没有做到合规的企业，可能在扩张的关键时刻因为税务问题被"拦腰斩断"，再好的市场机会也抓不住。所以，想要保持稳定的现金流，必须从合规入手，减少潜在的税务风险。

三、合规让企业更具竞争力

很多老板可能认为，合规属于内务，跟市场竞争没多大关系。其实不然，合规性直接影响企业在市场中的竞争力。如今，越来越多的大客户、政府项目、跨国公司在选择供应商时，都会查看合作方的税务信用。如果你的企业税务记录良好，合规经营，那你在竞争中就会拥有更大的优势。

小刘是一家服装厂的老板，他的工厂虽然规模不大，但税务信用一直保持良好。有一次，他参加了一个政府招标项目，因为他的公司合规记录完美，最终成功中标。而他的竞争对手，因为在税务方面有过违规记录，直接被淘汰出局。

保持良好的合规记录，不仅能让你避免税务风险，还能为你赢得市场机会。客户看中的是长期合作的稳定性，而合规企业显然更让人放心。特别是面对政府项目、大型企业合作时，税务合规就是你的一张"入场券"。

四、合规为增长保驾护航

企业的增长和扩张并不能一味追求速度，而需要在合规的基础上实现稳步前进。增长为合规提供了更多的资源和动力，企业越大，越需要规范管理，合规的基础也会越来越牢固。同时，合规的稳定性也让企业在扩张中不会因为小问题而跌倒。可以说，合规是"车轮"，增长是"马力"，两者缺一不可。

企业规模越大，业务越复杂，合规的难度也会增加。很多中小企业在快速扩张时，忽视了合规的调整，结果就是在高速发展的过程中，因合规不达标被迫突然"刹车"。想要企业在扩张中走得稳、走得远，合规的"车轮"必须跟得上增长的"马力"。

老板们在制订扩张计划时，别忘了同步升级合规管理。确保财务、税务、法律等方面能够支持企业的业务增长。只有两手都抓住，企业才能在市场竞争中赢得更大的空间。

▶ 财税小贴士

合规和增长绝不是对立的，而是相辅相成的两大驱动力。合规为企业的增长奠定了稳固的基础，帮助企业规避风险、保持现金流的稳定、提升市场竞争力。而增长为合规提供了发展的动力，确保企业在扩张中不掉队。

要想企业走得远、走得稳，必须合规和增长两手抓。就像一辆跑得快的车，既要有强劲的马力（增长），也要有稳固的车轮（合规）。合规的基础打好了，企业才能在市场中自由驰骋，赢得更多赚钱的机会。

🎓 老洪案例汇

纳税身份转换，节税大不同

咱们来聊聊为什么收入差不多的情况下，交的税却能天差地别。这其实就跟对税的了解有很大关系了。举个例子，去年8月份，我接到一个知名企业的邀请，他们需要我帮忙看看怎么合规地减轻税负。

这家企业有两个公司，一个是总公司，一个是分公司。总公司是一般纳税人，分公司则是小规模纳税人。两家年销售额加起来不到500万元，而且下游很难拿到增值税专用发票。但奇怪的是，他们主要用总公司来报税，分公司几乎不报税。

问题就出在这里了。2023年国家给了个好政策，就是对年销售额不超过500万元的小规模纳税人给了不少优惠，比如增值税可以从3%降到1%。

筹划前：假设年含税销售额400万元，如果以总公司名义纳税，适用增值税税率6%，那要交的增值税大约是22.64万元。

筹划后：如果用分公司的名义，也就是小规模纳税人来申报，那增值税就只有3.96万元。

结果，简单换个纳税身份，公司一年就能省下差不多18.68万元的税。所以啊，了解和利用好税收政策，真的可以帮企业在合法范围内省下一大笔钱。

第四节
企业合规影响社会和经济

  老李开了一家食品加工厂，做了十几年，生意一直不错。他平时对公司内部管理还挺上心，特别是税务这一块，早就请了专业的财务人员负责。一次，他和几个朋友聚会时，朋友老王笑着跟他说："你们厂做得真不错，不仅赚得多，还为地方带动了不少就业，真是为地方经济做了贡献。"

  老李一愣，他一直以为自己就是踏踏实实做生意，怎么还跟地方经济扯上关系了？老王笑道："你们这种合规经营的企业，不光自己赚钱，还能交税、带动就业，给政府省了不少心。做企业，合规不光是为了自己，还能影响整个社会的经济！"

  老李回去想了想，还真是这个理儿。原来，合规经营不仅对企业自己有好处，还直接影响到整个社会的方方面面。

  很多老板做生意，觉得合规不就是跟税务、法律打交道，做好了就是保自己平安。其实，合规经营远远不止是为了企业自己好，它还关乎整个社会经济的稳定发展。你的企业合规了，不光能赚钱，还能带动就业、贡献税收、促进经济繁荣。这一节我们就来聊聊，为什么合规经营不仅对企业重要，还会影响社会和经济（如图1-4所示）。

图 1-4　合规经营对社会和经济的四个重要影响

一、合规经营带动就业，稳定社会

你可能没意识到，你的公司给了多少人工作机会。每开一家合规经营的企业，就意味着更多的人有工作、有收入。这些员工有了稳定的工作，就能安心养家糊口，日子越过越好。而且，员工的收入多了，消费能力也跟着提高，能带动周边的消费和小商贩的发展。

老李的食品厂一开始只有十来个工人，现在生意越做越大，厂里有了上百名工人。这些工人每月拿到工资，回去能给家里添置新家具、买些家用电器，也会去当地的小商店、菜市场买东西，这样一来，整个地方的经济都活跃了起来。

老板们，合规经营不仅是为了避免麻烦，更是你对社会的一种责任。每一个合规经营的企业，都是在为社会提供就业机会，稳定社会秩序。企业做得越大，带动就业的能力越强，社会也会越来越稳定。

二、合规企业贡献税收，支持地方建设

合规经营的企业，每年按时交税，这些税收可不是白白交出去的，它直接支持了国家和地方的经济建设。政府靠着企业缴纳的税款，修路、建学校、搞公共设施，改善大家的生活环境。这些基础设施的建设，不仅让社会更有序发展，也为企业未来的成长提供了便利条件。

想想看，如果大家都不按时交税，政府哪有钱修高速公路、建商场、改造旧城区？没有这些基础设施，企业的物流、销售都会受影响，社会也会变得混乱无序。

老张开了一家物流公司，他公司运货的路线需要经过一段乡村路。这条路以前坑坑洼洼的，车辆经常出故障，影响了他的业务。后来，政府用税款重新修建了这段道路，运输时间大大缩短，物流效率提升，公司订单也越来越多。

老板们，按时交税是你企业发展的回馈。你缴的税为社会提供了更多的基础设施，而这些设施最终又会反哺企业的成长。合规经营，让你不仅为自己的生意负责，也为社会的进步出了一份力。

三、合规提升行业整体水平，促进经济发展

当越来越多的企业做到合规经营时，整个行业的水平都会提高。一个行业里，如果大多数企业都守规矩、按章办事，市场就会更加有序，恶性竞争就少了，大家都能在公平的环境下竞争，企业也能更加专注于创新和提升服务。

想象一下，如果行业内都是偷税漏税、钻法律空子的小公司，你守规矩，别人不守，你就会被迫陷入不正当的价格竞争中，结果利润越来越低，甚至活不下去。而当大家都合规了，行业的环境就健康了，企业

也能更好地发挥自己的优势，集中精力做大做强。

　　老刘是做家电制造的，前几年行业里不少小企业偷工减料、逃税漏税，扰乱市场秩序。后来，税务局和工商部门加大了对合规经营的要求，市场上那些不合规的企业逐渐被淘汰，行业环境逐渐好转。老刘的公司因为一直合规经营，不仅在竞争中存活下来，还借机扩大了市场份额。

合规经营不仅保护你自己的利益，也能提升行业的整体水平。一个有序的市场环境能帮助你找到更多的赚钱机会，也能让你的企业在市场中稳步前行。

四、合规经营是企业的社会责任，赢得更多认可

现在很多客户，特别是大客户和跨国企业，非常注重企业的社会责任。你不仅要产品好，服务到位，还要在合规、环保等方面达标。只有合规经营的企业，才能赢得客户的信任，获得更多合作机会。这也是企业承担社会责任的一部分，合规不仅让你守法经营，还为你赢得了市场口碑。

　　小陈的公司一直严格按照环保要求生产，税务合规。去年，他竞标一个大客户的订单，成功入选的原因之一就是公司合规、环保，符合对方的要求。通过这次合作，小陈的公司一跃成为行业里的明星企业，订单接连不断。

合规经营不仅让企业更安全，还能提升企业的社会形象。现在很多客户看重企业的社会责任，合规就是一块"金字招牌"，能帮你打开更多市场的大门。

> **▶财税小贴士**
>
> 　　合规经营不仅是为了避免麻烦，它对整个社会和经济都有着深远的影响。你不仅在为自己企业的成长打基础，而且也在为社会提供就业、支持经济建设、推动行业进步。合规是企业承担社会责任的体现，最终你会发现，这样做不仅让你企业稳步发展，还会赢得更多的市场机会。记住，合规不仅是企业的事儿，而且它关乎社会的进步、经济的发展！

第二章 老板必须懂的税务合规领导力

第一节
税务合规是企业发展必修课

老刘是个资深老板，做建材生意已经二十多年了。一路走来，他靠着聪明才智和人脉关系，把公司从小作坊做成了小有规模的企业。可是，最近他却遇到了麻烦。因为公司税务申报有误，税务局让他补缴税款，还罚了一大笔钱。这让老刘开始反思："我这几十年经验，做生意啥都懂，怎么就税务这块没搞清楚？"

他和朋友老张聊起这事儿，老张笑着说："现在做企业，税务合规就是一门必修课，不管你以前多成功，这门课要是不学好，迟早要吃亏。"

老刘听了，才意识到，原来做生意不能光靠经验，还得跟上税务法规的变化，才能让企业走得稳、走得远。

像老刘这样的中小企业老板，可能都有一个共同的误区：我只要把生意做大，税务问题交给财务，没必要太操心。但实际上，税务合规是每个企业发展的"必修课"，它不仅关系到企业的日常运作，还影响着企业的成长和未来的扩展。

这一节咱们就来聊聊，为什么税务合规是企业必须学习和掌握的一门课，且一刻也不能忽视（如图2-1所示）。

税务合规是企业的"护身符"　　　　税务合规让企业更具竞争力

合规经营才能避免"大坑"　　　　税务合规是享受政策优惠的前提

图 2-1　税务合规必要性的四个体现

一、税务合规是企业的"护身符"

很多老板一听到"税务合规"，就觉得这事儿复杂又麻烦，最好交给财务去办，自己不用操心。可实际上，税务合规就像企业的"护身符"，你合规了，企业发展才有保障，不合规，问题迟早会找上门。

老刘的公司生意做得大，订单多，资金流转也快，但他在做账时对几笔大额交易疏忽了，导致申报时数据不符，税务局一查就发现了问题。这不仅让老刘损失了大笔资金，还严重影响了公司的现金流，业务扩展也被迫暂停。

因此，税务合规并不只是财务的事儿，它直接影响企业的整体发展。作为老板，你必须清楚税务申报的基本规则，尤其是那些影响企业重大决策的税务政策。税务合规做好了，企业才能放心大胆地发展，不然就像在薄冰上行走，随时可能掉下去。

二、税务合规让企业更具竞争力

你可能觉得，税务合规只是企业的"内部事儿"，其实它也能提升企业在市场中的竞争力。合规经营的企业，不仅能获得政府和客户的信任，还能避免许多不必要的麻烦和损失，让老板集中精力扩展业务。

> 小张的公司之前接了一个大型项目，正准备大干一场，结果因为税务申报问题被税务局查账，导致项目资金被冻结，合作方也对公司产生了怀疑。最后不仅项目黄了，公司也差点面临倒闭。而同样做建材生意的老李，因为税务合规一直做得不错，赢得了政府部门的信任，接连拿下了几个政府项目，业务蒸蒸日上。

税务合规不仅是法律要求，更是企业长远发展的基础。合规企业更能赢得客户和合作方的信赖，而一旦失去税务合规的信用，企业很可能会失去大客户，甚至面临更多的市场风险。做好税务合规，是提升企业竞争力的必修课。

三、合规经营才能避免"大坑"

很多企业在发展初期，觉得能省则省，甚至在税务上动一些"小聪明"，比如虚开发票、错报收入，结果到头来往往因为这些"小聪明"栽了大跟头。

> 老王的公司就是一个活生生的例子。他为了少缴税款，经常通过不合规的方式做账，结果税务局一查，发现问题一大堆。公司不仅要补缴税款，还被处以巨额罚款。更糟糕的是，老王的公司因为不合规，失去了一个重要客户，业务一落千丈。

这种情况很普遍，很多老板认为税务问题可以拖一拖、躲一躲，但事实是，只要不合规，问题迟早会爆发。而且税务局的系统现在非常先进，通过大数据的比对，想要"躲"掉基本不可能。

税务合规是企业避免"大坑"的关键。合法经营、按章纳税，不仅能让企业远离麻烦，还能赢得更多发展的机会。别为了眼前省点钱，反而让企业陷入更大的困境。

四、税务合规是享受政策优惠的前提

国家每年都会出台各种税收优惠政策，尤其是针对中小企业的扶持措施。比如研发费用加计扣除、小微企业的税收减免等，都是帮助企业降低成本、提升竞争力的有效手段。但这些优惠政策有一个前提，那就是企业必须做到税务合规。

老王的公司因为税务不合规，错失了好几次享受政策红利的机会。反观老张的公司，由于一直遵循税法规定，每次政策发布时，都能第一时间享受到税收优惠，大大减轻了企业的负担。

合规不仅让企业避免风险，还能帮助你抓住政策红利。企业只有在合规的基础上，才能合法享受各种优惠政策，为企业的发展注入更多动力。

▶ 财税小贴士

税务合规不是企业发展的"选修课"，而是必须要掌握的"必修课"。合规经营不仅能让企业规避风险、稳步发展，还能提升市场竞争力，合法享受各种政策优惠（如表2-1所示），为企业的未来打下坚实的基础。

现在就开始重视税务合规，别等到问题找上门才后悔。学习好这门课，你的企业才能在市场中站稳脚跟，走得更远更稳！

表 2-1 税收政策变化一览表

政策内容	变化前	变化后
研发费用税前加计扣除	符合条件的行业企业研发费用税前加计扣除比例为75%	提高至100%，作为制度性安排长期实施
创投企业税收优惠政策	无明确延长	延续实施至2027年年底
新购进设备、器具一次性税前扣除	无明确延长	延续实施至2027年年底
民用航空发动机和民用飞机税收优惠政策	无明确延长	延续实施至2027年年底
小规模纳税人增值税减免政策	无明确延长	延续至2027年12月31日
增值税小规模纳税人、小型微利企业和个体工商户税费减半	无明确减半征收	减半征收资源税（不含水资源税）、城市维护建设税、房产税、城镇土地使用税、印花税（不含证券交易印花税）、耕地占用税和教育费附加、地方教育附加
小型微利企业所得税优惠	无明确优惠	减按25%计算应纳税所得额，按20%的税率缴纳企业所得税，政策延续至2027年12月31日
个人所得税专项附加扣除	3岁以下婴幼儿照护、子女教育、赡养老人扣除标准较低	3岁以下婴幼儿照护由每孩每月1000元提高到2000元；子女教育由每个子女每月1000元提高到2000元；赡养老人由每月2000元提高到3000元
年终奖个人所得税政策	一次性奖金并入当年综合所得计算纳税	可选择不并入当年综合所得，单独计算纳税，政策执行至2027年12月31日
支持居民换购住房的个人所得税政策	无明确退税优惠	出售自有住房后1年内重新购买住房的纳税人，对其出售现住房已缴纳的个人所得税予以退税优惠，政策至2025年12月31日

第二章　老板必须懂的税务合规领导力

📖 老洪案例汇

税务风波后的合规重生

A公司和B公司曾经是行业的"大腕儿",吸引了一堆投资者和合作伙伴。但谁能想到,一场税务风暴差点把他们给搞垮了。

关某某是这两家公司的老板。为了多赚点儿钱,他干了件傻事——在根本没交易的情况下虚开增值税发票。结果这事儿被揭穿了,关某某非常后悔,积极地承认错误、补缴税款,但法律可不是能轻易违反的,他和公司都得面对法律的惩罚。

就在这时,检察院来了个大转弯。他们没放弃这两家公司,反而帮他们进行合规整改,还提供指导帮助。两家公司也诚心悔过自新,立马开始整顿,加强内部管理,提升员工的合规意识。经过一段时间的努力,两家公司终于摆脱了困境。法院也听了检察院的建议,对关某某和公司都轻判了。他们的名声慢慢恢复了,市场的信任也赢回来了。

这故事深刻地告诉我们,税务合规是企业成长的地基。只有老老实实守规矩,公司才能在激烈的市场竞争中站稳脚跟。

第二节
又赚口碑又赚钱，双赢靠合规

老王开了一家家装公司，这几年生意做得风生水起。刚开始，他只是想赶紧赚钱，没太在意什么合规不合规的事儿，觉得能赚到钱就是本事。后来随着公司越做越大，老王发现客户开始挑剔了，尤其是一些大客户和政府工程，还要查他的税务记录和经营情况。老王这才明白，赚钱固然重要，但合规经营同样不能忽视，于是在税务合规上下了一番功夫。

有一次，一个地产大客户准备和他签一笔大单，合作前对他的公司做了一次全面审查。结果呢？客户非常满意，因为老王的公司不仅账目清晰、税务合规，而且在行业里口碑好，最终他轻松拿下了订单。这让老王彻底明白了：赚钱靠能力，赢口碑得靠合规，只有两者兼顾，才能真正做到双赢。

很多老板做生意，一开始都只想着如何赚钱，把合规看成"麻烦事"。但实际上，合规不仅是守规矩，更是让你在市场里长久立足、赢得口碑的关键。这一节咱们就来聊聊，为什么赚钱和口碑不能分开，双赢的秘诀就在合规上（如图2-2所示）。

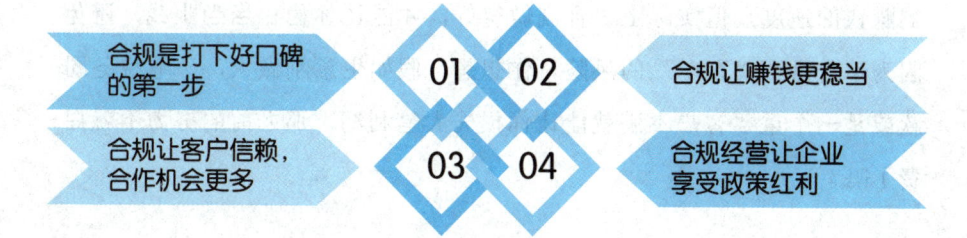

第二章　老板必须懂的税务合规领导力

```
[01] 合规是打下好口碑的第一步
[02] 合规让赚钱更稳当
[03] 合规让客户信赖,合作机会更多
[04] 合规经营让企业享受政策红利
```

图 2-2　合规对企业口碑的四个重要作用

一、合规是打下好口碑的第一步

做生意，大家都知道一句老话"酒香不怕巷子深"，但在竞争激烈的今天，光有好产品和服务还不够。客户，特别是大客户，更关心你是不是合规经营，财务是不是清楚，税款是不是按时交了。合规做得好，你的公司就显得更专业、更靠谱，客户也更愿意跟你合作。

老张是做建材的，平时不太管账目这些事儿。有一次，一个大型项目的客户要求查他公司的税务记录，结果发现公司有几次税务申报不及时，账目也不太清楚，订单直接被撤了。反观老李的公司，一直合规经营，客户审查后对他的企业非常信任，最终选择了他。这样的好口碑不仅帮助老李接到这个订单，还让其他客户对他刮目相看，生意也越做越大。

合规就是你企业的"信用名片"，它帮你赢得客户的信任。只有合规经营，才能树立好口碑，让客户觉得跟你合作踏实、放心。好口碑带来更多机会，生意自然越做越大。

二、合规让赚钱更稳当

很多老板觉得，合规是一件耗时耗力的事，管那么多细节可能会影响赚钱的速度。但实际上，合规做得好，才能让你稳稳当当赚钱，避免因为不合规而"翻车"的风险。你想想，假如生意刚做大，一笔税务罚款或是一个重要客户不满就能让你损失大笔利润，那之前的努力不就白费了吗？

老王的家装公司刚起步时，为了节省成本，有时候会用一些不合规的发票。刚开始没觉得有问题，结果几年后，税务局一查，公司被罚了不少钱。罚款直接让他的公司陷入了资金流转危机，险些倒闭。从那以后，老王明白了，合规是让企业持续赚钱的基础，不能为了眼前的小利而忽视长期的稳健经营。

老板们，千万别为了省小钱或者赶进度忽视合规，否则最终可能会赔得更多。合规经营能让你在市场中走得稳，赚钱赚得踏实，不用担心随时掉进"坑里"。

三、合规让客户信赖，合作机会更多

大客户和优质的合作伙伴，往往不仅看你的产品质量，还看你的公司管理是否规范。很多企业在和供应商合作前，都会先查查对方的税务情况、财务记录。如果你合规经营，客户自然更放心；相反，如果你连税务都不合规，客户就会对你的公司产生怀疑，订单也可能泡汤。

小刘的公司专门做电子配件，他正好遇到了一个大订单的竞标机会。因为公司一直合规经营，税务记录清晰透明，他顺利拿下了合同。而他的竞争对手，因为税务不清楚，虽然价格更低，客户却不敢用。这就是合规带来的双赢效果——不仅赚到了钱，还赢得了客户的长期信任。

大客户特别看重企业的合规情况，这是一种长期的信任积累。想要抓住大机会，合规就是你的"敲门砖"。合规经营不仅帮你拿订单，还能为你赢得长期的合作机会，让你的生意越做越大。

四、合规经营让企业享受政策红利

合规不仅能让企业稳住市场，还能帮助企业享受国家的各种税收优惠政策。国家每年都会出台一些扶持中小企业发展的政策，但只有合规经营的企业才能享受。

老王公司早年因为税务问题，错失了一次享受政策的机会，多缴了很多税。相反，老李的公司一直按规矩做账，享受了不少优惠政策，省下的税款直接变成了公司发展的资金。

合规不仅帮你赚钱，还能让你合法享受国家政策红利。合规经营的企业，才能在市场里稳健发展，同时抓住政府扶持的机会，实现真正的双赢。

▶ **财税小贴士**

做生意不能只顾着赚钱，合规经营是你立足市场的"根基"。只有合规，你才能赢得客户的信任，树立好口碑；只有合规，你才能稳稳当当地赚钱，不用担心哪天问题爆发；只有合规，你才能合法享受各种税收优惠，给企业发展注入更多动力。

合规经营不是负担，而是帮你又赚口碑又赚钱的好工具。双赢靠合规，现在就开始行动，别让一时的疏忽毁了你辛苦打拼的成果。

第三节
把合规融入企业的 DNA

老刘的公司最近出了点问题。做了这么多年生意,他一直凭着经验和头脑灵活,在市场上混得风生水起。可随着企业越做越大,管理也跟不上了。财务方面出了几次纰漏,账目对不上,发票也有些问题,税务局一查就是好几万的罚款。老刘这下子才意识到,光靠经验和直觉是不够的,企业越大,合规问题越多,必须从根子上重视起来。

朋友老张看他烦恼,笑着说:"刘哥,做企业不仅是要会赚钱,更要懂得合规。合规不能光靠财务简单处理、应付了事,得像血液一样融入公司的每个环节,成为企业 DNA 的一部分,这样企业才能走得远。"

老刘一想,还真有道理。合规不能临时抱佛脚,得成为企业文化的一部分,渗透到每个员工、每个流程中,这样才能从根本上避免问题,确保企业稳健发展。

很多老板管理企业,常常把合规当成一项"任务"或"成本",觉得能应付就应付,能省就省。但实际上,合规不应该只是外在的约束,它应该融入企业的基因,成为企业运作的一部分。只有把合规融入企的 DNA，才能确保企业每一步都走得稳，最终走得远（如图 2-3 所示）。

```
让合规融入
企业 DNA
    01  合规要贯穿每个环节
    02  合规要有长效机制
    03  让合规成为企业文化的一部分
    04  认识到合规是长远发展的基石
```

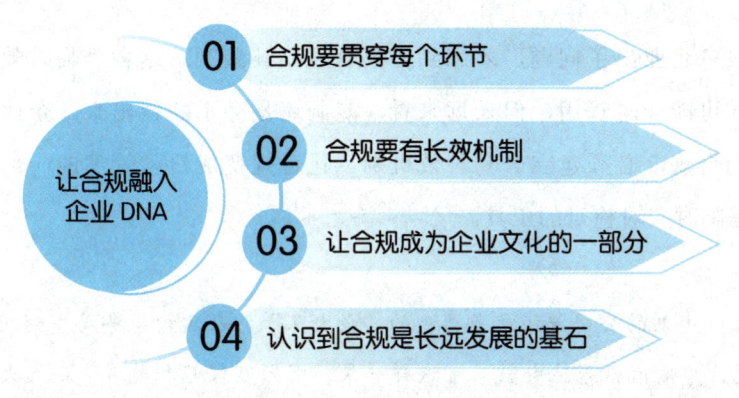

图 2-3　让合规融入企业 DNA 的四个关键点

一、合规要贯穿每个环节

如果合规只是财务部门的事，其他部门不管，那企业迟早会出问题。合规必须从上至下，贯穿企业的每个环节。不管是采购、销售，还是生产、财务，所有人都得明白，合规不仅是法律要求，更是保护企业的盾牌。

老张的公司就是个好例子。几年前，老张发现，很多员工在处理合同和发票时，认为只要财务人员去检查就行，自己不用操心。结果因为合同不规范，发票处理不当，公司几次被税务局调查，罚了不少钱。从那以后，老张做了个大决定：所有部门都要参与到合规中来。每签一个合同、每开一个发票，都要严格按流程走，不留任何漏洞。

因此，企业要从管理层开始，把合规意识灌输到每个员工心中，让每个人都明白，合规不仅是老板的事，也是他们自己工作的保障。只有这样，合规才能真正成为企业的 DNA，而不是临时抱佛脚。

二、合规要有长效机制

很多企业出了问题，才想到去搞合规，补漏洞。这种"临时救火"的方式可能一时管用，但长远来看，漏洞还是会不断冒出来。企业要真正做到合规，必须建立一套长效机制，让合规变成日常管理的一部分，而不是临时应对检查的工具。

老刘的公司曾经就是典型的"救火队"，每次被税务局查到问题，才慌慌张张地补救。可这样一来，问题不仅越积越多，还大大拖累了企业的发展。后来他吸取教训，决定建立长效的合规管理机制，每个月定期检查公司各部门的合规情况，不留任何死角。

通过建立长效机制，合规就不会再是件烦人的事，而是公司日常管理中不可或缺的一部分。这样，企业才能在遇到突发状况时有条不紊，避免被罚款、受损失。

三、让合规成为企业文化的一部分

一个企业真正做到合规，不光是靠制度和流程，更重要的是要把合规变成企业文化的一部分。员工的日常工作里，处处都要体现出合规意识。这种意识就像空气，虽然看不见，但无时无刻不在影响着企业的运作。

老张发现，光有制度不够，员工的合规意识才是关键。于是他开始组织培训，给员工讲解合规的重要性，并通过一些合规文化活动，让员工感受到合规对企业发展的长远影响。慢慢地，大家在日常工作中都会自觉遵守规定，合规问题也越来越少。

所以，合规不仅是老板的责任，还是全体员工的事。通过不断的培训、宣导和实际操作，员工会逐渐把合规当成工作中的一部分，自然而然地执行合规要求，避免不必要的错误。

四、认识到合规是长远发展的基石

很多老板觉得，合规是一件短期的麻烦事，只要能避开一时的检查就行了。其实，合规是企业长远发展的基石，它让你的企业在竞争中更有优势，也让企业规避了很多潜在的风险。

> 老刘刚开始觉得合规影响赚钱，但后来发现，合规做得好，客户对他的公司更加信任，政府也更愿意给他政策支持。公司合规的记录越好，未来的发展机会就越多。

通过坚持合规，企业不仅可以避免罚款和麻烦，还能在行业中树立更好的口碑，赢得更多合作伙伴的信赖。合规不是一件短期的事，而是企业持续成长的重要保障。

▶ 财税小贴士

合规不是一时的任务，也不是财务部门的专属，它应该成为你企业的 DNA，融入每一个环节、每一个员工的日常工作中。只有这样，企业才能真正做到稳健发展，规避风险，赢得长久的市场机会。

合规就像企业的"生命线"，贯穿始终。把合规当成企业的 DNA，不仅能让你避免眼前的麻烦，还能为企业未来的成长奠定坚实的基础。现在就开始行动起来，让合规成为你企业文化的一部分，真正做到"赚得踏实，走得长远"！

老洪案例汇

经营范围超限与资质缺失引发的风险警示

在金税四期系统全面推行的背景下，税务监管日益严格，多部门联合执法成为常态。云南省针对代理记账行业发起了整治行动，以规范市场并提升服务质量。本次整治行动明确了代理记账机构的合规标准：

1. 代理记账机构必须合法设立并持有财政部门颁发的许可证；
2. 机构内应至少配备三名符合规定的专职人员；
3. 所有业务活动必须严格遵守相关法律法规，杜绝任何形式的违规操作。

禄劝县一家新兴财务咨询公司，自2024年初成立后，因急于拓展业务未及时申办代理记账许可证。4月份该公司在未取得资质的情况下，为客户开具了一张金额为900元的代理记账发票。此后，这张发票在税务抽查中被发现，引发财政部、市场监督管理部及税务部门的联合调查。经调查确认，该公司存在未取得代理记账资质擅自开展业务的违规行为。因此，三部门于2024年7月份依法对公司进行了严肃处理：

1. 财政部对该公司处以罚款，金额为违规开具发票金额的双倍，最高不超过两万元。由于该公司认错态度良好并积极配合财政部门调查，原本应处以双倍金额的罚款被减轻，最终仅被罚款900元。此举旨在通过经济手段惩罚公司的违规行为，并警示其他市场主体遵守相关法律法规，共同维护良好的市场秩序。

2. 市场监督管理部责令该公司立即停止所有代理记账业务，并要求其在规定时间内完成许可证的申办工作。同时，对公司给予警告，督促其加强内部管理，确保今后所有业务活动均符合法律法规要求。

3. 税务部门在对此次违规行为进行记录的同时，下调了该公司的税务信用评级。这一处罚措施不仅影响了公司未来的税务优惠政策享受，也对其商业信誉造成了不可忽视的影响。

通过这个案例，老洪想提醒大家两点：

1. 违规根源与项目类别区分的重要性

本案例中，该财务公司之所以遭遇合规危机，根源在于未能正确区分经营范围中的一般项目和特许项目。在办理营业执照时，企业需明确这两类项目的不同：一般项目是指无需特定行政许可或资质即可开展的经营活动，而特许项目则必须事先取得相关部门的许可或资质。代理记账业务正属于后者，需持有财政部门颁发的许可证方可合法开展。

该公司在未充分了解这一区别的情况下，盲目开展了代理记账业务，从而触犯了相关法律法规。这一事件不仅暴露了公司内部合规管理的不足，也反映了市场上部分企业对经营项目类别区分的普遍忽视。

2. 法律后果与资质办理的必要性

由于未取得必要资质，该公司遭受了罚款、业务暂停等多重处罚。值得注意的是，原本可能面临更严厉的处罚，但鉴于该公司认错态度良好并积极配合调查最终罚款金额被减轻至900元。然而，这一处罚仍给公司带来了不小声誉损害。

此案例再次强调了资质办理在合规经营中的重要作用。企业不仅要在拓展业务时关注市场需求，更要确保自身具备开展相关业务所需的合法资质。只有这样，才能在激烈的市场竞争中立于不败之地，避免因违规操作而引发的法律风险。

第四节
稳定长远发展，税务合规不能少

老李是一家制造业公司的老板，创业十几年，公司规模逐渐扩大。一路上，他经历过不少风风雨雨，最初靠经验和人脉一路打拼，总认为合规这些"麻烦事"能躲就躲，能少操心就少操心。可随着公司越做越大，问题也慢慢冒了出来。

有一年，税务局突然上门稽查，结果发现公司在税务申报上有不少漏洞，不仅要补缴税款，还附带了一大笔罚款。这次事件让老李意识到，合规可不是可有可无的，搞不好就会让公司陷入困境。他终于明白了，企业要想稳定、长远地发展，税务合规这一关是绝对绕不过去的。

很多中小企业的老板在刚创业时，往往把税务合规当成"附加任务"，觉得它影响了公司的赚钱速度和发展脚步。可实际上，税务合规不是累赘，反而是企业稳健发展的基石。如果不把税务合规摆在第一位，企业的发展就像建在沙子上的高楼，表面看着辉煌，却随时可能坍塌。

这一节咱们就来聊聊，为什么税务合规对企业的长远发展至关重要（如图 2-4 所示）。

- 01 合规是企业的"稳定器",避免突发危机
- 02 合规确保企业有稳定的现金流
- 03 合规有助于防范未来税务风险
- 04 合规为企业的规范化管理打下基础

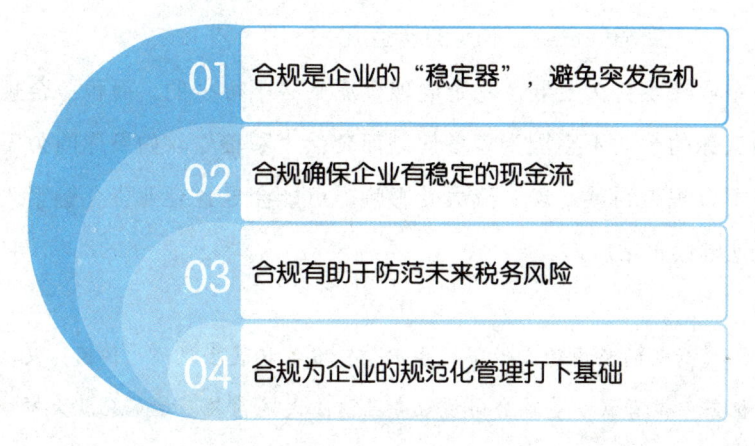

图 2-4 税务合规对企业长远发展的四个重要作用

一、合规是企业的"稳定器",避免突发危机

企业在成长过程中,最怕的就是突发性危机,而税务问题往往就是这种危机的导火索。很多老板在公司发展初期,往往会忽视一些细节,比如发票管理不严、税务申报不准确,等到公司做大了,问题就成了"定时炸弹",随时可能爆发。

老张的公司就是一个典型例子。早期,他为了省事,经常在税务报表上"动点小手脚",能省则省。起初问题不大,但随着公司规模扩大,税务局的稽查越来越严格,结果查出了问题,老张不仅要补缴税款,还被罚了不少钱。为了应对这些突发的危机,老张不得不紧急调整资金分配,严重影响了公司的现金流。

由此可见,合规是避免企业突发危机的关键。税务合规就像企业的"稳定器",只有合规经营,企业才不会因为小问题而陷入大麻烦,才能在发展的道路上稳步前行。

二、合规确保企业有稳定的现金流

企业想要长久发展，稳定的现金流是必不可少的。而税务合规恰恰能确保你的企业不会因为税务问题而突然"断粮"。如果你的公司因为税务不合规被罚款，现金流大受影响，可能会导致企业资金链紧张，甚至无法继续正常运作。

老刘的公司原本做得风生水起，准备扩展生产线，但因为几次税务申报有误，导致公司被税务局罚了大笔罚款。这笔罚款大幅减少了公司的现金流，直接影响了他的扩张计划，甚至差点拖垮了公司。

税务合规让你的资金流动更加稳健，不会因为突如其来的罚款和补缴税款而影响企业的正常运营。企业只有合规，才能确保在市场竞争中保持良好的现金流，支撑业务的稳定发展。

三、合规有助于防范未来税务风险

很多企业老板在初创期，会习惯性地忽略税务上的一些风险，尤其是涉及跨区域经营的复杂业务的时候。这时，税务风险就可能在不经意间"埋伏"在企业的账目里，尤其是跨省经营、外汇管理等涉及不同税务政策时，稍有不慎就可能出问题。

老李的公司原本只在本地运营，后来业务扩展到外省，由于他不熟悉外地的税务政策，在跨区域业务中申报出现了偏差，结果当地税务局找上门来，要求他补缴税款，并追加罚款。这样一来，不仅业务扩展受阻，还耗费了大量时间和精力处理这些问题。

因此，合规不只是让你避免当前的麻烦，更重要的是防范未来的税务风险。特别是在企业跨区域、跨国经营时，及时了解相关政策，确保税务合规，可以让企业更顺利地扩展业务。

四、合规为企业的规范化管理打下基础

一个企业要想长远发展，光靠老板的个人经验和直觉是不够的，还需要有一套系统化、规范化的管理制度。而税务合规正是企业规范管理的核心部分之一。合规不仅仅是为了应对外部的监管，它还能帮助企业在内部建立起更加高效、透明的管理体系。

老张的公司从小作坊发展成如今的中型企业，早期都是靠他个人的经验决策。但随着企业规模扩大，单靠个人判断已经难以应对复杂的业务运作。后来，老张决定从财务入手，先把税务合规搞好，并以此为契机，规范了公司内部的财务流程。通过这一调整，公司的整体管理水平大幅提升，运作效率也更加顺畅。

可以说，税务合规是企业规范管理的第一步，它为其他管理环节树立了良好的榜样，帮助企业逐步实现精细化、制度化管理。这不仅提高了企业的内部运作效率，还为企业日后的扩张和发展奠定了坚实的基础。

▶财税小贴士

税务合规不仅仅是为了避免被罚款，它在很多方面都对企业的长远发展起到了至关重要的作用。从防范突发危机、保持现金流稳健，到规避税务风险，再到推动企业管理规范化，合规经营的价值不可估量。

如果你想要企业稳步前行，持续成长，那么税务合规是你无法绕

过的一环。现在就开始重视税务合规，确保每一笔账目、每一个流程都合法合规，为企业的未来铺平道路，走得更远更稳！

🎓 老洪案例汇

追求"业绩"酿大祸，教训刻骨铭心

昌达建材公司曾经风光无限，然而，一次财务造假事件，却让这家公司从巅峰坠入深渊。为了短期内提升公司业绩数据，财务总监张三在老板李总的默许下，策划了一场精心包装的财务造假行动。结果，这场"看似聪明"的造假不仅让公司付出了巨额罚款的代价，还几乎毁掉了企业的声誉和未来。

一开始，张三和他的会计团队动起了"歪脑筋"。他们决定通过伪造账目，将公司原本高额的原材料成本、人力成本转嫁到销售费用中。例如，一笔原本200万元的原材料采购费，被他们改头换面成"销售推广费用"，账面成本一下子就被削减了一半。为了让虚假账目更具说服力，他们还编造了虚假交易记录，伪造出一份销售合同。

但这还不够，张三甚至伪造了客户签名和公司印章，制作虚假的发货单和确认书，把原本不存在的交易都变成账面上的"实际收入"。他们通过虚构收入、减少成本的方式，将公司的净利润大幅夸大，试图制造出一份看似繁荣的财务报表。

虚假的财务报表让昌达建材公司表面上业绩大涨。原本只有5000万元的营业收入，被虚增到8000万元，成本则从3000万元"神奇"地变成2000万元。这份经过"精心包装"的报告，不仅吸引了不少投资者的兴趣，还让公司赢得了几项大合作。然而，这一切看似辉煌的数据，终究都是泡沫，虚假的繁荣随时可能破裂。

看似天衣无缝的造假终究露出了马脚。在税务局的一次突击检查

中，张三伪造的会计凭证、发票和账目引起了税务官员的怀疑。经过深入调查，税务部门逐步揭开了昌达建材造假的真相，最终确认公司虚增利润、虚构合同的行为。

昌达建材不仅被罚款 2500 万元，还遭遇了合作伙伴的解约潮和客户的信任危机。曾经辉煌的品牌形象在一夜之间崩塌，公司陷入了深深的泥潭。

面对这场灾难，李总作为公司的法定代表人，承担了全部责任。他深刻反思，意识到自己对公司财务的疏忽和纵容是这场灾难的根源。为了挽回企业声誉，他决定痛下决心进行改革。

首先，李总聘请了专业的财务顾问团队，对公司进行全面的财务审查和整改，重新梳理财务流程，并完善内部控制机制。其次，他加强了员工的培训，组织诚信守法教育，确保今后每一位员工都能意识到诚信经营的重要性。最后，李总亲自出面，与客户和合作伙伴沟通，解释并承诺采取切实有效的措施重建信任关系。

昌达建材的这场教训告诉我们，追求业绩和利润固然重要，但诚信才是企业长远发展的基石。财务造假也许能在短期内提升公司数据，但终究会付出更大的代价。每个企业都应坚守底线，远离造假，才能在市场中立于不败之地。

第五节
税务筹划与战略发展两手抓

  赵老板的公司最近发展得不错，订单稳步增长，业务也逐渐扩展到了全国各地。但随着公司规模扩大，赵老板发现财务上的压力也随之增大。特别是在税务筹划方面，过去那种简单应付的方式已经不再适用了。一次，财务部反馈公司因没有及时享受税收优惠政策，错失了大幅减税的机会，这让赵老板意识到，税务筹划不能单靠财务部"单打独斗"，而是要跟公司的整体战略紧密结合，才能让公司在快速发展的同时，做到合法节税、稳步前行。

  赵老板深刻体会到，税务筹划不仅是财务部门的事，它必须融入企业的长期发展战略中，才能为公司带来真正的价值和竞争优势。

  在企业发展的过程中，税务问题不可忽视。税务筹划与企业战略结合得好，不仅能合法节税，还能提高资金利用率，为企业的进一步扩展提供坚实基础。以下是如何将税务筹划与企业战略发展紧密结合的关键要素（如图2-5所示）。

第二章 老板必须懂的税务合规领导力

图 2-5 税务筹划与企业战略结合的四个关键要素

一、税务筹划要服务于企业的长期目标

很多企业只在年终结账时才考虑税务筹划，往往只注重眼前的税务问题，忽略了税务筹划对企业长期发展的影响。实际上，税务筹划是企业战略中的重要一环，它能够影响企业的资金流动、投资方向，甚至是业务扩展的方式。税务筹划如果能与企业的长期发展目标结合起来，就能为企业的整体运营提供持续的财务支持。

在制定企业战略目标时，必须将税务筹划纳入其中。企业在扩展新市场、引入新业务或进行大规模投资时，都需要考虑其税务影响。比如，企业是否能利用新业务的税收优惠政策？新市场的税务环境是否适合企业的长期发展？这些都是在战略规划中需要同步考虑的因素。

一家企业在准备进入新市场时，可以专门了解当地的税收优惠政策，并提前进行筹划，确保企业能够充分利用这些政策，减少税负，为市场扩展提供更多资金支持。

二、灵活利用税收优惠政策支持企业战略

每年国家都会出台各种针对企业的税收优惠政策，特别是针对高新技术、环保产业、小微企业等领域。如果企业能够灵活利用这些政策，不仅能减少税负，还能增强企业在某些领域的竞争力。关键在于，企业要根据自己的战略目标，合理利用这些优惠政策，确保税务筹划为企业的战略决策提供支持。

企业可以根据自身的发展规划，优先选择那些符合税收优惠政策的业务方向。例如，计划进行技术创新的企业，可以将更多资源投入到研发中，享受研发费用加计扣除的政策优惠；如果企业打算进军环保行业，则可以提前了解该领域的税收减免政策。通过税务筹划与战略决策相结合，企业能够在扩展新业务时，合法减轻税务负担。

> 赵老板打算增加研发投入，以提高产品的竞争力。为此，他专门了解了国家的研发费用税收优惠政策，并将更多的资金用于技术创新，最终享受了大幅税收减免的好处，同时推动了公司战略的实施。

三、资金规划与税务筹划相结合

税务合规与资金规划紧密相关，合理的税务筹划能够有效提升企业的资金使用效率。企业在制订资金规划时，必须将税务成本纳入考虑，避免在运营中因为税务问题导致资金短缺。同时，通过税务筹划优化资金流动，企业可以将节省下来的税款重新投入到战略发展中，形成良性循环。

企业在规划年度资金预算时，需要同时考虑税务筹划的因素。例如，提前了解税务申报时间和税款缴纳额度，避免资金周转时因缴税导致现金流紧张。对于大额投资项目，企业还可以通过税务优化手段，合法延

迟税款缴纳时间，提高资金利用率。

  赵老板的公司在规划年度预算时，结合税务顾问的建议，提前安排了税款的缴纳和申报时间表，确保公司的资金周转顺畅。通过合理安排税款，赵老板将节省下来的税务资金投入到新产品研发上，为公司长远发展打下了坚实基础。

四、定期审视税务策略，灵活调整应对变化

  税收政策和市场环境都会随着时间变化，企业不能一成不变地执行同样的税务筹划策略。只有定期审视税务策略，并根据公司的发展阶段和市场环境的变化，灵活调整，才能确保税务筹划始终服务于企业的战略目标。

  企业应定期进行税务审查，特别是在业务扩展、投资方向调整或政策更新时，及时优化税务策略。通过定期的税务评估，企业能够发现潜在的税务风险，并提前调整以避免税务问题。此外，税务合规审查还可以帮助企业发现新的税收优惠政策，助力企业战略实施。

  赵老板每年都会让公司财务团队和税务顾问一起审查公司税务状况，确保税务策略始终与公司的发展战略匹配。通过定期调整税务筹划方案，他的公司不仅规避了潜在的税务风险，还抓住了新的税收优惠机会，保持了企业在市场中的竞争力。

▶财税小贴士

  企业税务筹划这事儿，可不能光财务部自己忙活，得把它当成公司战略发展的重要一环。要把税务筹划跟公司的长期目标、资金规划、

税收优惠这些结合起来,还要灵活调整,这样不仅能做到合法合规,还能给业务扩展和市场竞争提供强有力的支持。

各位,别等到年底才想起税务这码事,得把它融入你的战略规划中去,让税务筹划真正成为推动企业发展的助力!

老洪案例汇

设立分公司还是子公司呢

申老板是云南一家品牌茶叶集团公司的创始人,凭借着对茶叶行业的深刻理解和精湛的市场运营技巧,他的公司在云南地区已经打下了坚实的基础,并积累了一定的品牌知名度。随着业务的不断拓展,申老板开始考虑将公司的触角延伸至更广阔的市场,以实现更大的商业价值。

近期,申老板计划在西安这座历史文化名城开立一家新的公司,主要以营运为主。然而,在进一步推进计划之时,问题也随之而来:是设立分公司还是子公司呢?

这一决策不仅关系到新公司的运营模式、管理架构,更直接影响到公司未来的发展战略和市场布局。

假设您现在是申老板,面对这个重大决策,您会如何考量?

在与申老板深入探讨后,我们共同梳理出三个核心问题,这将为下一步的扩张提供了清晰的指导。

一、设立分公司与子公司的区别

分公司与子公司的主要区别体现在以下几个方面:

1. 法人地位:分公司不具有独立的法人地位,而是作为总公司的分支机构存在;而子公司则具有独立的法人地位。

2. 责任承担:分公司的法律责任由总公司承担,其债务由总公司负责清偿；子公司则独立承担法律责任，其债务自行清偿。

3. 独立性：分公司通常在经济上、法律上不具有独立性，其业务、资金、人事等方面受总公司管理；子公司则在经济上和法律上都相对独立，有自己的公司章程和董事会，可以独立开展业务。

4. 税务处理：分公司通常与总公司合并纳税；子公司则需要独立进行税务申报和缴纳。

二、申老板公司的业务需求

申老板在考虑公司业务需求时，可以从以下几个关键方面着手，以确保做出明智的决策（如图2-6所示）：

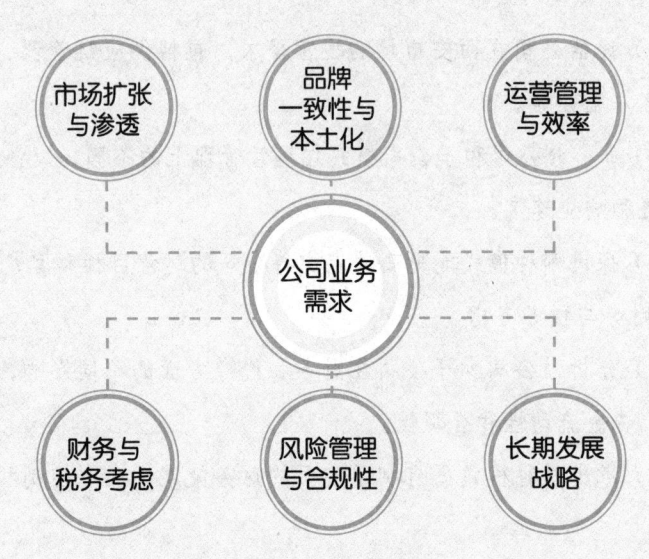

图2-6 公司业务需求的六个关键方面

1. 市场扩张与渗透

（1）分析市场潜力，包括消费者需求、市场规模和增长趋势。

（2）评估公司当前的市场覆盖能力，以及进入新市场所需的资源和投入。

（3）探讨分公司或子公司如何更有效地实现市场扩张和本地市场渗透。

2. 品牌一致性与本土化

（1）考虑保持品牌一致性对公司形象和消费者认知的重要性。

（2）分析西安市场的文化差异，以及是否需要一定程度的本土化策略来适应这些差异。

（3）权衡分公司（更易于保持品牌一致性）与子公司（更易于实施本土化策略）之间的利弊。

3. 运营管理与效率

（1）评估公司在西安市场的运营需求，包括供应链管理、销售与分销、客户服务等。

（2）分析分公司和子公司模式在运营管理上的不同，如决策流程、资源配置和响应速度。

（3）探讨哪种模式能更高效地支持公司的运营目标和客户需求。

4. 财务与税务考虑

（1）分析分公司和子公司在财务和税务方面的不同影响，包括税务筹划、资金流动性和合规性。

（2）考虑哪种模式更有利于公司的财务健康、成本控制和长期盈利能力。

5. 风险管理与合规性

（1）评估西安市场的法律环境和监管要求，以及它们对公司运营可能产生的影响。

（2）分析分公司和子公司在法律风险和合规性方面的差异，包括知识产权保护、合同执行和劳动争议等。

（3）确定哪种模式能更有效地降低风险并确保合规运营。

6. 长期发展战略

（1）探讨公司业务在西安市场的长期发展愿景和目标。

（2）分析分公司和子公司如何与公司的整体战略相契合，包括未来可能的并购、扩张或多元化计划。

（3）考虑哪种模式更有助于实现公司的长期发展战略和增长目标。

通过综合考虑以上几个方面，申老板能够更全面地了解公司业务需求，并基于这些分析做出关于设立分公司还是子公司的明智决策。

三、申老板的战略思维及权衡

在决定是设立分公司还是子公司之前，申老板需要从战略的高度进行深思熟虑。以下是对两种公司形式在战略层面的考量：

1. 分公司的战略优势

（1）统一管理：分公司作为母公司的直接延伸，便于实施统一的管理策略、品牌形象和市场运作，确保业务的连贯性和高效性。

（2）风险降低：分公司的法律责任通常与母公司相连，因此在某些方面可以降低法律风险和财务风险。

（3）成本控制：在初期阶段，分公司可以利用母公司的资源和经验，以较低的成本快速启动并运营。

2. 子公司的战略优势

（1）独立运营：子公司作为独立的法人实体，拥有更大的自主权和灵活性，可以根据当地市场情况制定更为贴合的运营策略。

（2）资产隔离：子公司的资产和负债与母公司相对隔离，有助于保护母公司的核心资产和信誉。

（3）融资便利：子公司可以独立进行融资活动，吸引外部投资，从而减轻母公司的资金压力。

四、老板战略思维的重要性

在这个案例中，申老板的战略思维显得尤为关键。他需要综合考虑公司的长远规划、市场定位、资源配置、风险控制等多个因素，来做出最符合公司利益的决策。这不仅要求申老板具备敏锐的市场洞察力和前瞻性的战略规划能力，还需要他能够权衡利弊，做出明智的选择。

如果申老板认为保持品牌的统一性和管理的集中性是首要任务，且对西安市场的风险有充分的了解和把控，那么设立分公司可能是一个更为稳妥的选择。而如果申老板看重的是新公司的独立性和融资能力，以及希望在西安市场打造一个更加本土化的品牌形象，那么成立子公司可能更符合他的战略意图。

最终，无论申老板选择哪种形式，都需要在公司章程、运营协议等法律文件中明确各方的权责利关系，以确保新公司能够顺利运营，并为公司的长远发展奠定坚实的基础。

由此可见，申老板的战略思维，不能仅仅停留在今天的决策，更要着眼于未来的布局。他深知，每一个选择都关乎着整个茶叶集团的明天。那么，如果您是申老板，站在这个公司历史的转折点上，您会如何抉择？是设立分公司，以稳健的步伐延续品牌的传奇，还是成立子公司，以更独立的姿态迎接市场的挑战？

第三章

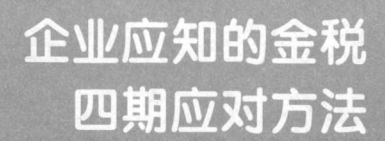

企业应知的金税四期应对方法

第一节
金税四期让税务监管更智能

老张做生意这些年,一直觉得税务局查不到自己,生意忙的时候,有些账目就稍微糊弄一下,反正以前没出什么大问题。但最近他听同行说起,金税四期上线了,税务局的监管系统比以前智能多了,连一些小问题都能轻松查出来。

老张开始有些担心,想到了过去那些"对不上的账",于是赶紧去找了个财务顾问,重新理了理账目,发现不少地方不合规。顾问告诉他,现在税务局的系统已经高度智能化,金税四期能通过数据比对自动发现企业的税务问题,想蒙混过关,基本上是不可能的了。

老张这才意识到,生意再忙,账目也不能马虎。如今,税务监管已经从人工检查转向智能系统,企业必须更加规范,才能不被"盯上"。

金税四期的上线,可以说是税务监管的一次技术革命。过去,税务稽查更多依赖人工检查,效率有限,很多企业的小问题可能一时半会儿不会被发现。然而,随着金税四期的推出,税务系统已经高度智能化,几乎可以自动抓取企业在税务申报中的不规范之处。这一节,我们就来聊聊金税四期到底有多智能,为什么企业再也不能侥幸了(如图3-1所示)。

第三章　企业应知的金税四期应对方法

01 数据联网，税务信息"一网打尽"

02 数据比对，精准发现问题

03 自动预警，防止企业陷入更大风险

04 智能分析，税务稽查更加高效

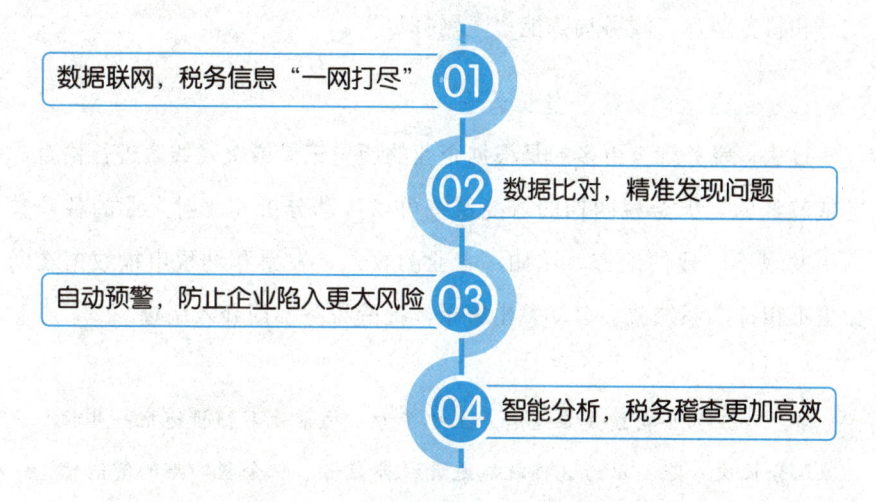

图 3-1　金税四期的四个智能化体现

一、数据联网，税务信息"一网打尽"

金税四期最大的特点就是信息高度联网。它通过将企业的开票数据、纳税申报数据、银行流水、发票等信息全都整合在一个系统中，进行实时监控和比对。过去企业可能在不同平台上做账，数据不一致，税务局也不容易发现问题。但现在，只要你开了发票，系统会自动记录；只要你有银行交易，税务局立刻能看到。

老李的公司曾经做过几笔现金交易，没有如实开具发票。以前，这些小问题可能因为人工审核不足而没被发现，但金税四期上线后，银行流水和开票记录一对比，立马发现了这些漏报收入。结果税务局马上发出通知，要求补缴税款。

由此可见，金税四期通过数据联网，实现了对企业财务活动的无死角监管。企业在税务上"打擦边球"的日子一去不复返了，现在所有的交易和税务信息，税务局都能"一网打尽"。

二、数据比对，精准发现问题

过去，税务稽查更多的是根据企业的历史记录或突发线索进行检查，更依赖经验。但金税四期的智能系统可以自动分析和比对企业的各项数据，发现不一致的地方。比如，企业的收入、发票和纳税申报数据之间如果不相符，系统就会自动发出警报，提醒税务部门介入调查。

小王的公司就是在这一点上吃了亏。之前他习惯性地把一些收入分批次入账，以为这样就能避开税务监管。但金税四期的智能比对功能，通过对比他的开票信息和收入申报，发现两者金额有出入，很快就锁定了他的公司。最后，小王不得不补缴税款，还被罚了款。

数据比对让税务监管变得更加精准高效。不管是故意的瞒报，还是无意的差错，都逃不过智能系统的"火眼金睛"。

三、自动预警，防止企业陷入更大风险

金税四期不仅能发现问题，还能通过自动预警系统，在企业出现税务风险苗头时，发出提醒。比如，如果企业连续几个月开票金额和收入申报不一致，系统会自动标记为高风险企业，通知企业整改。这种预警机制，可以帮助企业在问题还未扩大时及时纠正，避免更严重的后果。

老陈的公司在金税四期上线后，因为数据异常，被系统列为风险企业。税务局发出了提醒，老陈才意识到问题的严重性，赶紧请专业团队做了合规整改，避免了更大的处罚。正是因为有了自动预警，老陈得以在问题爆发之前及时处理，减少了损失。

第三章　企业应知的金税四期应对方法

金税四期的预警功能，不仅是为了查问题，更是为了帮助企业及时纠错，避免企业因为小疏漏而付出巨大的代价。

四、智能分析，税务稽查更加高效

在过去，税务稽查往往依靠人工，工作量大，效率低下。金税四期的智能化让税务部门的工作效率大幅提升。智能分析系统能够自动筛选出高风险企业，针对这些企业进行重点检查，而不再是"广撒网"，对所有企业一视同仁。

小刘的公司在几年前接受过一次税务稽查，当时是税务局随机抽查，耗费了大量人力和时间。如今，金税四期的智能分析功能可以帮助税务部门有针对性地进行稽查，企业的合规程度越高，被查的几率就越低。相反，问题多的企业则会成为重点稽查对象。

智能分析让税务稽查更加精准高效，企业合规性越高，反而能减少不必要的稽查压力，轻装上阵。

▶ **财税小贴士**

金税四期的上线标志着税务监管进入了一个全新的智能化时代。过去那些糊弄过关的做法，现在早已行不通。数据联网、智能比对、自动预警和精准稽查让税务监管变得更加严密，也让企业的合规要求提高了不少。

如果你想企业发展稳健，必须时刻保持税务合规，不要抱有侥幸心理。现在，金税四期已经为税务局的监管插上了"智能翅膀"，企业只有更加规范，才能在这场智能监管中不被"盯上"。

老洪案例汇

税务突击检查与金税四期联动效应的警示

2017年11月，我们成功处理了一项缅甸出口业务，顺顺当当拿到了出口退税，总共人民币11万余元。钱是2018年4月打到账户上的，那时候我们还以为这事儿就这么平平安安地结束了呢。结果，2019年5月的一天，税务局的电话突然打来，说要查我们这笔交易的退税情况。

税务局的人说得很严肃，要我们提供所有的退税文件和账本，还要求该公司老板和会计第二天必须亲自去税务局解释清楚。那时候老板朱大哥正忙着在寻甸县搞农业公司呢，根本抽不开身。我们心想这大概又是什么常规检查吧，就告诉专管员老板人在缅甸，问能不能只让会计来。结果电话那头专管员的语气立马变了，很严肃地说："需要我现在就查出老板的准确位置吗？"这话一出口，我们顿时感觉不妙，隐约猜出税务局这是要跟其他部门联手严查。

金税四期可不是能轻易搪塞的，多部门联动协查，什么小问题都别想藏。于是我们赶紧组织人手，加班加点整理税务资料。第二天下午，我们和朱老板带着厚厚一叠文件赶去税务局，老老实实配合审查。原来，系统里显示我们那笔退税有了两笔记录，人家还以为我们这里有违规操作。经过一番解释，仔细核对凭据，最终搞明白是系统升级时出了差错，重复计数了。

虽然这次核查最后确认我们没做错事，但过程中的紧张和不安真是让人难忘。这件事给了我们一个大大的提醒：在现在金税四期系统和多部门联合查询的新环境下，对税务问题可不能掉以轻心。企业得时刻保持警惕，确保自己的税务申报和操作完全合规。

从这次经历我们也学到了，要更加重视税务风险的管理，把它上升到公司战略层面来对待。我们得持续改进和加强我们的税务管理，别让自己在越来越复杂的税务环境里栽跟头。

第二节
企业税务管理要跟上新变化

老李是个做五金生意的老板，这些年生意做得红红火火，客户多订单也多。可是最近，他发现税务局的管理越来越严格，尤其是金税四期上线后，他原本的一些税务操作变得"水土不服"了。以前靠经验和灵活应对就能处理的账目，现在动不动就被税务系统查到，搞得老李有些头疼。

一次，老李的财务提醒他："老板，咱们的税务管理不能再按老套路走了。金税四期上线以后，税务局的信息系统全都联网了，过去那些'小聪明'行不通了，咱们得升级一下管理流程了。"这句话点醒了老李，税务政策变了，企业税务管理也得跟着变，否则迟早会吃大亏。

金税四期的上线，给企业的税务管理带来了全新的挑战和变化。从数据联网到智能稽查，税务局的监管手段已经今非昔比。过去依赖经验和灵活处理来应对税务问题的做法已经跟不上时代。作为企业老板，必须意识到，税务管理需要与时俱进，才能在新的税务环境下合规经营，避免踩雷。这一节，我们就来聊聊，企业如何应对金税四期的变化，做好税务管理（如图3-2所示）。

第三章　企业应知的金税四期应对方法

01 数据精准化，发票管理必须严格

02 申报要及时、准确，不留漏洞

03 建立长效合规机制，提前发现问题

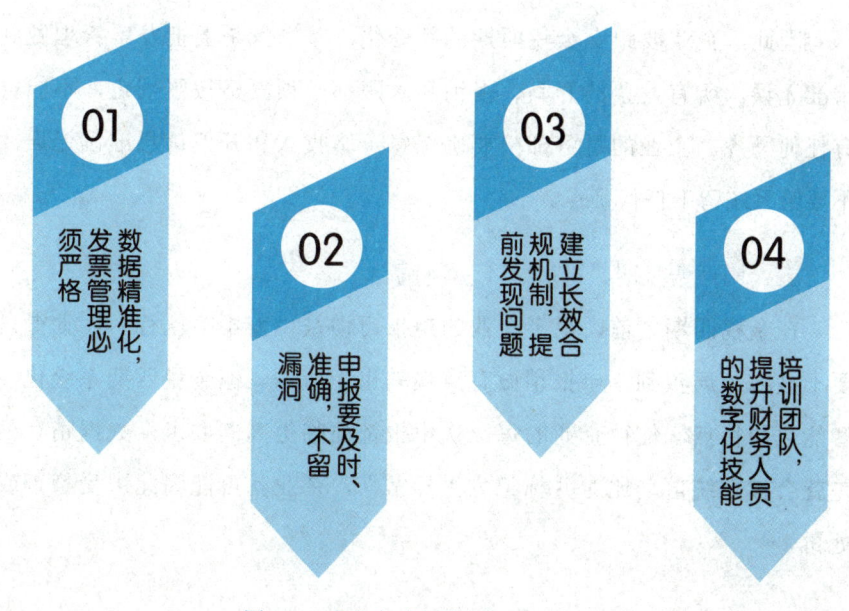

04 培训团队，提升财务人员的数字化技能

图 3-2　企业应对金税四期的四项策略

一、数据精准化，发票管理必须严格

金税四期最大的变化就是信息的全面联网。企业的开票、纳税申报、银行流水等数据都被自动抓取、比对，任何不一致都会引起系统的警报。因此，发票管理的精准性在金税四期下变得尤为重要。以前企业可能有些发票随意处理，或者延迟开票、错报金额，但现在，每一张发票都要对得上企业的实际收入，否则很容易引发税务稽查。

老刘的公司以前在报账时习惯性地拖延发票入账，有时甚至会在不同时间段入账，企图"平滑"收入。金税四期上线后，税务局系统通过对比银行流水和发票数据，发现了问题，结果老刘不得不补缴一大笔税款。

因此，企业要跟上金税四期的新变化，首先就是要把发票管理做到精准无误。所有发票的开具、报销和入账都必须严格按照规定，不能再有任何马虎。企业的财务部门要确保每一笔收入和开票信息准确无误，不要给系统留下任何疑点。

二、申报要及时、准确，不留漏洞

在金税四期之前，很多企业的申报习惯是"差不多就行"，觉得只要不被税务局查到，申报稍微有点误差也无所谓。但金税四期系统化、智能化的特点，使得企业的每一次申报都面临更高的要求，数据稍有偏差就会被系统自动比对并标记为"异常"，企业就可能因此遭受稽查或处罚。

小张的公司曾在申报时，出于"节省税款"的考虑，故意低报了一部分收入，但金税四期通过对比他的银行流水和申报金额，很快发现了这一问题。最终，税务局对他的公司进行了稽查，补税、罚款一并到来，让公司得不偿失。

跟上金税四期的变化，企业的税务申报必须做到及时、准确。每一次报税都不能再含糊，务必要确保数据的真实、完整，避免不必要的风险和麻烦。

三、建立长效合规机制，提前发现问题

过去，企业往往是等税务局上门查账时才急忙补漏洞，而金税四期的预警机制给了企业更多提前发现问题的机会。系统会对企业的各项税务数据进行自动分析，一旦发现异常就会发出警报，企业有时间进行自查并整改。因此，企业不能再等到问题爆发时才处理，而是应该提前建立合规检查机制，定期自查，及时纠错。

老王的公司在金税四期上线后，每月定期进行财务自查，检查发票、银行流水、报税记录是否一致，发现有偏差的地方立即整改。通过这样的合规机制，老王的公司在过去两年里没有再遇到税务稽查的麻烦，业务也运转得更顺畅。

企业要跟上金税四期的步伐，必须建立长期的合规自查机制。定期检查税务数据，发现问题及时修正，不要等到税务局上门才亡羊补牢。

四、培训团队，提升财务人员的数字化技能

金税四期的智能化不仅对企业老板提出了更高的要求，企业的财务团队也需要与时俱进。过去传统的手工报税、人工核算可能已经不适应如今的智能系统要求。企业的财务人员需要掌握更多的数据分析和数字化管理技能，才能在金税四期的新环境下游刃有余。

老李的公司早年靠一两个经验丰富的财务人员跑跑账就能应付过去，但随着税务系统智能化，传统的报税方式已经不再适用。于是，老李给财务人员安排了数字化报税培训，让他们学会使用新的税务管理软件和系统，提升了整体财务效率。

跟上金税四期的变化，企业的财务人员需要具备更强的数字化技能。定期对团队进行培训，让他们掌握新的报税工具和方法，才能确保在新系统下的税务管理不出纰漏。

▶ **财税小贴士**

金税四期的上线，改变了税务管理的规则，企业必须调整策略，跟上新的变化。精准的发票管理、及时准确的申报、长效的合规机制，

以及财务团队的数字化升级，都是企业在金税四期环境下必须掌握的关键。

税务管理不是一成不变的，随着金税四期的上线，你的企业必须做好调整，才能在新的税务监管环境下稳步前行。现在就开始提升税务管理水平，迎接智能化的税务时代，确保企业在发展的道路上走得更远更稳！

第三节
应对金税四期的实战技巧

老刘是一家制造企业的老板，之前做生意一直风风火火，企业规模也逐渐扩大。可最近，老刘有些烦心，因为税务问题接二连三找上门，几次税务申报都因为数据不对被系统"盯上"了。财务提醒他："老板，金税四期现在上线了，税务局的系统可比以前智能多了，我们得改变一下工作方式，不能像以前那样随便应付了。"

老刘意识到，现在光靠老办法已经行不通，必须得换个方式应对新变化。于是他开始学习新的税务管理技巧，聘请专业的税务顾问，调整公司的财务管理流程，终于稳住了局面，顺利渡过了税务难关。

金税四期的上线让税务监管变得更加严密和智能，过去那种马马虎虎应付税务检查的方式已经完全不适用。企业要想避免被稽查，必须学会用正确的姿势应对这一新变化。这一节，我们就来分享几个实战技巧，帮助企业在金税四期环境下稳扎稳打，保持合规，减少风险（如图 3-3 所示）。

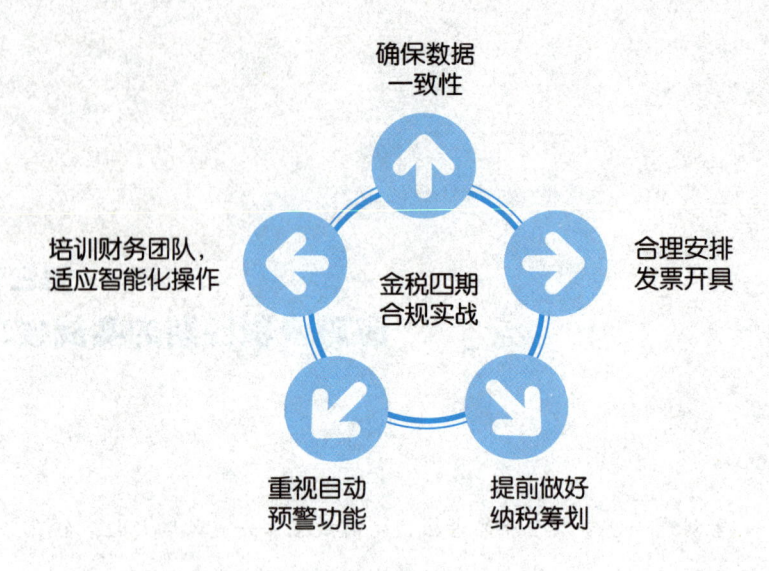

图 3-3　金税四期下保持合规的五个实战技巧

一、确保数据一致性

金税四期最大的特点就是信息高度透明，税务局可以通过系统实时对比企业的发票、银行流水、纳税申报等多项数据。只要数据出现偏差，系统就会自动报警。因此，确保各项数据的一致性是应对金税四期的第一步。

小王的公司以前在开票和申报时常常出现时间差，有时收入已经到账，但发票还没开，导致申报数据和实际收入对不上。结果税务系统一对比，就发现了问题，要求小王补税。学了金税四期的"新规矩"后，小王现在做到每一笔收入与发票、银行流水完全匹配，再也没有被系统警告过。

因此，企业必须养成定期对账的习惯，确保发票、收入、银行流水和税务申报数据完全一致。通过内部核查及时发现数据不一致的地方，并立即修正。

二、合理安排发票开具

金税四期的系统可以精准追踪每一张发票的流转，企业必须严格按照实际交易情况开具发票，杜绝虚开发票、假发票等不合规行为。以前企业可能会通过虚开发票"平账"，但在金税四期下，这种做法风险极大，一旦被发现，后果严重。

老李的公司曾经因为虚开发票，被税务局发现后，要补缴税款，还被罚了不少钱。后来他决定杜绝这种做法，要求公司所有发票必须与实际业务完全一致。虽然短期内财务管理稍微复杂了一点，但长远来看，公司没有再遇到发票上的麻烦，业务也更加规范。

企业应该建立严格的发票管理制度，确保发票的开具必须真实、合法。虚开发票不仅会导致税务处罚，还可能影响企业的信用评级，得不偿失。

三、提前做好纳税筹划

金税四期的上线并不意味着企业不能节税，相反，企业只要通过合法的税务筹划，依然可以合理降低税负，避免不必要的浪费。税务筹划是企业应对金税四期的关键策略之一，但这个筹划必须是在合规的基础上进行。

老张的公司在扩展业务时，请了一位专业的税务顾问，帮助他进行纳税筹划。通过调整成本结构和合理利用税收优惠政策，老张的公司大大减少了税务支出，同时也避免了触碰税法的"红线"。

所以企业需要结合自身业务特点，提前进行税务筹划。利用好国家的税收优惠政策，合理规划成本，做到既合规又节税。专业的税务顾问在这方面能提供很大帮助，帮助企业在法律允许的范围内最大化利润。

四、重视自动预警功能

金税四期的系统有一个很大的亮点，就是它的自动预警功能。系统会根据企业的纳税数据进行分析，如果发现风险信号，会自动发出预警。很多老板觉得被预警不是什么大事，等到税务局正式上门再解决。但实际上，预警是企业自我纠正的一个好机会，如果能在预警阶段主动整改，很多问题可以避免变成严重的罚款和税务调查。

老刘的公司在一次申报后，收到了系统的自动预警，提示发票数据和申报收入有差异。财务立刻进行了自查，发现了一笔收入申报有误，及时补报，成功避免了更大的处罚。

因此，企业在金税四期下要重视税务系统的自动预警功能。收到预警后，企业要立刻进行自查，找出问题并及时整改，避免事态扩大。只有及时响应预警，才能在问题变严重前解决，避免更大损失。

五、培训财务团队，适应智能化操作

金税四期的上线意味着企业的财务管理必须数字化、智能化。传统的手工操作已经无法满足系统的要求，因此企业要及时对财务团队进行培训，让他们掌握新的税务管理系统和工具，提升整体管理水平。

小陈的公司因为财务团队对新系统不熟悉，导致几次数据录入错误，造成不必要的税务麻烦。后来，他组织了一次全员培训，财务人员学会了使用新的税务系统和数据处理工具，管理水平大幅提

升，再也没有出现类似的失误。

因此，企业要定期对财务团队进行培训，确保他们熟悉金税四期的操作流程和相关要求。智能化的税务管理需要人机结合，团队的专业水平至关重要，只有不断提升财务人员的技能，才能确保税务管理不出纰漏。

▶ 财税小贴士

金税四期带来了全新的税务监管方式，企业再也不能靠老套路应对。精准对账、合理发票管理、合法税务筹划、重视自动预警和提升财务团队的数字化能力，都是应对金税四期的正确技巧。

现在就开始行动，调整企业的税务管理策略，适应智能化的税务监管系统，让你的企业在金税四期的环境下合规经营，稳步前行，避免不必要的风险和麻烦。

第四节
真实案例：如何在金税四期下成功转型

老赵是经营一家中型家居制造企业的老板，做了十几年生意，手下也有上百号员工。以前靠着老经验和人脉关系，老赵的生意一直不错，虽然偶尔账目上会有些"不规范"，但没出过大问题。直到金税四期上线后，老赵的公司接二连三收到了税务局的通知，要求补缴税款，还面临罚款的风险。

一时间，老赵陷入了困境。他发现，过去的那套灵活应对税务的办法已经完全行不通了，税务局的智能系统让任何细小的差错都无所遁形。面对这一变化，老赵不得不正视问题，开始进行公司税务管理的全面整改。

这一节，我们就通过老赵公司的真实案例，看看他是如何在金税四期下成功转型的（如图3-4所示）。

一、数据清查，找出问题根源

金税四期上线后，老赵公司最初的麻烦就是数据对不上。发票开了，银行流水有了，但税务申报的数据却和实际收入对不上，导致系统发出预警。老赵意识到，过去的做法已经不再适用，必须彻底检查公司的财务和税务数据。

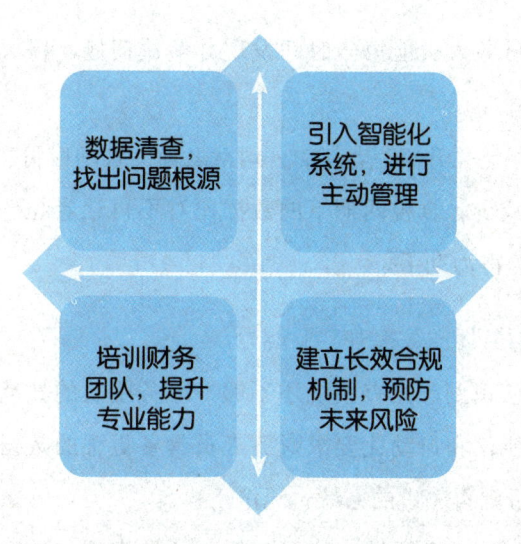

第三章　企业应知的金税四期应对方法　**73**

图 3-4　金税四期下转型的四个步骤

（四个象限：数据清查，找出问题根源；引入智能化系统，进行主动管理；培训财务团队，提升专业能力；建立长效合规机制，预防未来风险）

老赵找来了税务顾问，进行了一次全面的财务清查，发现问题出在公司内部发票管理混乱，银行流水和实际交易记录经常不一致。这些问题虽然看似是日常小疏忽，但在金税四期下，全都被放大，变成企业的重大风险。

于是，老赵立刻安排财务人员开始整理发票，重新核对每一笔交易，并逐步将所有账目重新理顺，确保每笔收入、发票和银行流水都能对上。

二、引入智能化系统，进行主动管理

在清查数据的过程中，老赵意识到，靠手工做账和传统的报税方式已经完全跟不上金税四期的要求。为了解决这个问题，老赵决定引入智能财务管理系统。这个系统可以自动对接企业的开票、流水和申报数据，实现实时监控和数据同步。

引入智能系统后，公司的财务人员不再需要手动核对大量数据，系统会自动提醒他们任何数据上的偏差。一旦某个环节出问题，系统会立即发出警报，财务人员能第一时间发现并解决问题，极大地提升了效率和准确度。

通过这种智能化升级，老赵的公司从之前的被动应付变成主动管理，税务问题逐渐减少。金税四期下的数据比对不再让老赵感到压力，反而成为了管理上的得力助手。

三、培训财务团队，提升专业能力

老赵很快意识到，光有系统还不够，财务团队的技能也需要提升。金税四期的智能化和自动化要求财务人员具备更强的数据分析能力和系统操作水平，否则再先进的系统也无济于事。

于是，老赵为财务团队安排了一系列的培训课程，学习如何使用智能系统进行税务管理、如何高效应对金税四期带来的新挑战。通过培训，财务团队逐渐掌握了新的技能，不再依赖老经验，而是用数据和系统说话。

经过培训，公司的税务申报变得更加专业、合规，财务人员的工作效率也得到了大幅提升，老赵再也不用担心税务上的"后院起火"。

四、建立长效合规机制，预防未来风险

金税四期的上线让老赵意识到，税务合规不能只是一时的整改，而是要形成长效机制。经过调整，老赵为公司制定了一整套合规管理制度，涵盖发票管理、数据核对、申报流程等方面，并定期进行自查和审计。

每个月，公司的财务部门都会对当月的税务数据进行全面核查，确保每一笔交易和发票都合规，同时利用智能系统的预警功能，及时发现并解决潜在的风险。这种长效机制让老赵的公司在金税四期下实现了从混乱到规范的成功转型。

通过一系列的调整和优化，老赵的公司不仅解决了税务问题，还大大提升了管理效率。税务合规后，公司的财务状况更加透明，客户对公

司的信任度也提升了。尤其是在大客户和政府项目中，税务合规成了公司获取订单的"加分项"。

老赵感慨道："金税四期一开始给我带来了很多麻烦，但其实它也帮我把公司的财务管理提升到了一个新的层次。现在公司每一笔账目都清清楚楚，未来的发展我也更有底气了。"

▶ 财税小贴士

老赵的案例告诉我们，面对金税四期的税务监管升级，企业必须及时转型，从数据清查到智能系统的引入，再到财务团队的专业培训，所有环节都要同步提升，才能在新的税务环境下保持合规和稳定。

如果你的企业还在用老办法应对税务问题，现在就是转型的最佳时机。通过借鉴老赵的成功经验，你可以从混乱中走向规范，真正做到在金税四期的智能监管下稳步发展。

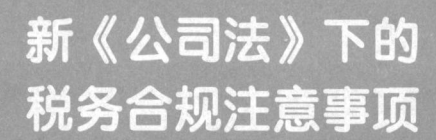

第四章 新《公司法》下的税务合规注意事项

第一节
新《公司法》对企业的税务新要求

　　老李是一家服装厂的老板，做生意多年，已经积累了不少经验。但最近他听说新《公司法》出台了，感觉有些迷茫。尤其是听说这次对企业的税务要求有了不少新变化，他就更加担心了。以前那些应付的办法还能不能行？不符合新要求会不会被罚？这些问题一直困扰着老李。

　　有一次，老李在财务顾问的建议下参加了一场关于新《公司法》的讲座，才明白，这次新《公司法》的出台，不仅是公司治理、管理上的改变，还直接影响到企业的税务合规。他意识到，如果不跟上这些新变化，企业可能很快会遇到麻烦。

新《公司法》的出台，带来了很多变化，特别是对企业税务管理提出了新的要求。这不仅涉及企业内部的管理结构、财务透明度，还包括对企业税务申报、纳税流程的进一步规范。这一节我们就来看看，新《公司法》对企业的税务提出了哪些新要求，以及企业该如何应对这些变化（如图 4-1 所示）。

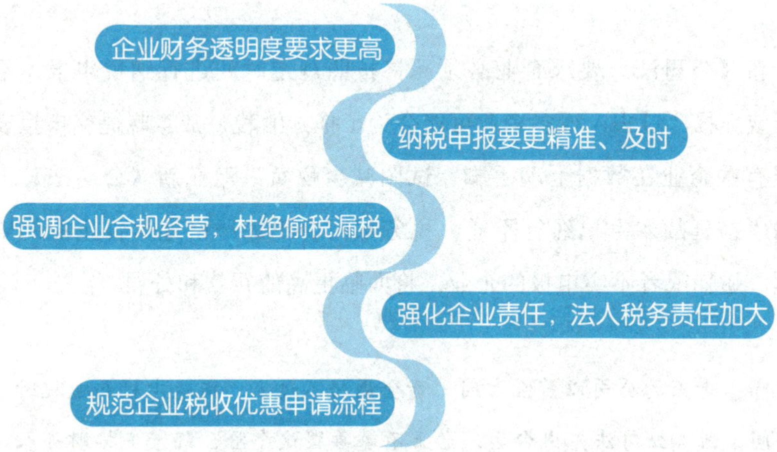

企业财务透明度要求更高

纳税申报要更精准、及时

强调企业合规经营，杜绝偷税漏税

强化企业责任，法人税务责任加大

规范企业税收优惠申请流程

图 4-1　新《公司法》提出的五项新要求

一、企业财务透明度要求更高

新《公司法》明确提出，企业的财务状况必须做到更加透明，特别是在税务申报方面，企业的所有财务信息都要真实、准确，不能有任何隐瞒或虚假信息。过去，很多企业为了减少税负，可能会通过虚报成本、隐匿收入等方式来规避税务问题，但现在，新《公司法》对这些行为的打击力度加大，企业如果不按规定透明申报，将面临更严厉的处罚。

老赵的公司以前就是因为财务不够透明，经常"做账不做实"，被税务局查了好几次。现在，新《公司法》出台后，老赵再也不敢糊弄，他赶紧请专业财务团队来重新梳理公司的账目，确保每一笔交易都符合要求。

新《公司法》下，企业必须做到财务透明、账目清晰，不能再靠模糊的账务处理避税。这样既能避免税务风险，也能提高企业的信用和公信力。

二、纳税申报要更精准、及时

新《公司法》要求企业必须严格按照规定时间进行纳税申报，不得拖延或虚报。过去，很多企业可能会为了拖延缴税，故意晚提交申报表，甚至有些企业在数据上动手脚，试图减少税负。但在新《公司法》下，这些"拖延战术"已经行不通，税务部门会更加严格地监督企业的申报流程，逾期或者不实申报的企业，将面临更高的罚款和处罚。

老王的公司以前经常因为资金周转不过来，拖延申报和缴税时间。新《公司法》出台后，老王不敢再冒这个险，赶紧安排财务人员提前准备好所有税务材料，确保每个月的纳税申报准时准确，避免被罚款。

企业现在需要更加重视纳税申报的及时性和准确性，任何错误或延迟都会导致不必要的麻烦。因此，企业最好提前做好财务规划，确保有足够的资金按时缴税，避免因小失大。

三、强调企业合规经营，杜绝偷税漏税

新《公司法》对企业合规经营的要求更加严格，尤其是在税务方面，企业的纳税义务被更加明确地规范了。偷税漏税行为不仅会面临更高的罚款，还可能涉及刑事责任。以前，有些小企业会通过虚开发票、不记收入等方式少缴税款，但在新《公司法》下，这类行为一旦被发现，将面临严厉的法律制裁。

小刘的公司曾通过虚开发票来减少税务负担，结果被税务局发现后，不仅补缴了大量税款，还支付了高额的罚款。现在，在新《公司法》的要求下，老刘意识到偷税漏税的风险太高，赶紧彻底整改

公司的税务流程，严格按照法律规定纳税。

企业必须意识到，税务合规已经不是"可以选择"的一项工作，而是公司经营的必修课。合规经营不仅能够保护企业的合法权益，还能提高企业的市场竞争力。

四、强化企业责任，法人税务责任加大

新《公司法》对企业法人、股东等责任人的税务责任也提出了更明确的要求。如果企业在税务上出现重大问题，相关责任人将承担更大的责任，可能面临法律处罚。这意味着，企业主不仅要确保公司的正常运营，还必须对公司的税务状况承担直接责任，不能再像以前那样把所有问题都推给财务部门。

> 老李以前一直认为税务是财务部门的事，自己作为法人只要管理好业务就行。可现在，新《公司法》明确规定，企业法人和高层管理人员对税务问题负有连带责任，老李意识到自己必须亲自过问税务问题，确保企业合规。

企业主必须主动了解公司的税务情况，不能将所有责任都交给财务团队。法人和高层管理人员对税务问题的重视程度，将直接影响企业的整体合规性和未来发展。

五、规范企业税收优惠申请流程

新《公司法》对企业申请税收优惠的流程也做了进一步规范。以前，很多企业在申请税收优惠时，可能会通过提供不实资料或夸大投资额来争取更多的优惠。但现在，税务部门会更加严格地审核企业的申请资料，

确保所有税收优惠的申请都基于真实、合法的经营活动。

老张的公司以前通过夸大研发费用来申请税收优惠，结果被查出问题，导致公司不仅失去了优惠资格，还需要补缴税款并交罚款。新《公司法》出台后，老张决定严格按照规定申请税收优惠，不再冒险。

企业在申请税收优惠时，一定要确保所有资料的真实性和合规性，不要为了短期利益铤而走险，否则可能得不偿失。

> ▶ 财税小贴士
>
> 新《公司法》对企业的税务合规提出了更高的要求，从财务透明度、纳税申报的及时性，到企业主的税务责任，企业必须在各个环节上做出调整。税务合规不再是一个可以"模糊应付"的部分，而是关乎企业未来发展的核心要素。
>
> 现在是时候重新审视公司的税务管理流程，确保符合新《公司法》的要求（如表 4-1 所示）。只有做到合规经营，企业才能在新的市场环境下稳步前行，避免不必要的风险与麻烦。

表 4-1 新旧公司法对税务的要求对比及影响

条款	旧《公司法》内容	新《公司法》内容	影响
注册资本	认缴登记制，无明确最长认缴期限	规定 5 年最长认缴期限	有助于解决注册资本注水问题，减少税务风险
减资程序	减资可能涉及税务风险，但具体规定不明确	明确 5 年最长认缴期限，减资需按比例或章程规定	减资税务处理更明确，但非对称减资可能增加税务机关的审查

续表

条款	旧《公司法》内容	新《公司法》内容	影响
利息支出扣除	未明确规定	规定未缴足资本额的利息支出不得在税前扣除	明确了利息支出的税前扣除限制，影响企业税务筹划
关联债务利息扣除	未明确规定	明确关联方利息支出扣除限额与注册资本相关	影响企业关联方融资结构和税务筹划
横向法人人格否认	未明确规定	新增横向法人人格否认，关联公司可能承担连带责任	增加税务机关追缴税款的法律手段
简易注销	未明确规定	新增简易注销条款，股东对注销前债务承担连带责任	明确了注销公司的税务责任，防止逃避税款
股权出资	未明确规定	明确股权出资的税务处理，包括所得税和增值税	为非货币性资产出资提供税务指导，影响个人和企业股东的税务

老洪案例汇

钟老板的"3+5"实缴过渡期调整策略

钟老板是农业科技行业的领军人物，他在2019年成立了一家农业科技公司，专注于研发数字农业科技。公司成立时，为了吸引更多投资者和合作伙伴，钟老板将公司的注册资本设定为5600万元，并规定出资期限为30年。

然而，随着新《公司法》的出台，钟老板了解到存量公司需要按照"3+5"的规则进行实缴过渡期的调整。这意味着他的公司需要在2027年6月30日前修改公司章程，将出资期限调整为5年以内，并在

2032年6月30日前完成全部实缴。

面对这一变化，钟老板决定积极应对。他与公司的高管团队一起制订了详细的过渡期调整计划：

1. 修改公司章程：在2027年6月30日前，召开股东大会，修改公司章程，将出资期限从30年调整为5年，这一调整将确保公司符合新《公司法》的要求。

2. 制订实缴计划：根据公司目前的财务状况和未来盈利预期，制订详细的实缴计划。计划在未来8年内，每年按照一定比例进行实缴，以确保在2032年6月30日前完成全部5600万元的实缴。

通过积极的过渡期调整策略，钟老板的农业科技公司成功适应了新《公司法》的要求。这一调整不仅避免了公司可能面临的法律风险，还提升了公司的信誉度和市场竞争力。同时，明确的实缴计划也帮助公司更好地规划了资金使用和未来发展。

第二节
公司治理与税务合规双管齐下

老王是经营一家电子产品制造厂的老板，生意越做越大。但随着新《公司法》的出台，老王有些犯愁。他知道新《公司法》对公司治理有了新的要求，可是也听说，税务合规的要求更加严格了。原来公司财务上的一些"弹性操作"是不是还能继续？公司管理上的漏洞如果不补上，会不会影响税务合规？这些问题让他意识到，光靠应付已经行不通了。

在税务顾问的建议下，老王决定从公司治理和税务合规两个方面一起入手，做到双管齐下，不仅要让企业的管理更加规范，还要确保税务合规，避免未来的风险。事实证明，他的决定是正确的，新《公司法》下，企业必须将公司治理与税务管理结合起来，才能实现稳健发展。

新《公司法》的出台，不仅对企业的治理结构提出了更高要求，同时也对税务合规进行了全面升级。过去，很多老板认为公司治理是"公司内部的事"，税务合规则是"财务上的事"，两者互不相关。但现在，新《公司法》下，公司治理和税务合规紧密相连，企业必须做到两者一起抓，才能避免不必要的麻烦和法律风险。这一节我们就来聊聊，在新《公司法》

下，税务合规和公司治理如何双管齐下（如图4-2所示）。

公司治理要规范，税务合规才有保障 —— 01
税务问题不只是财务部门的事 —— 02
管理和税务都要经得起检查 —— 03
建立内部控制和审计机制 —— 04

公司治理与税务合规双管齐下

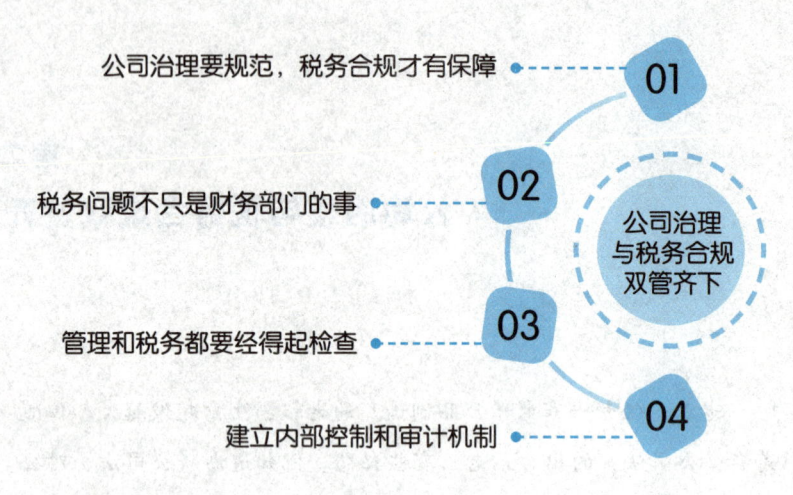

图 4-2 公司治理与税务合规双管齐下的四个关键

一、公司治理要规范，税务合规才有保障

新《公司法》对公司治理提出了更加严格的要求，尤其是公司内部的管理流程、财务制度都要更加透明和规范。这意味着，如果公司的治理结构混乱，权责不清，那么税务合规也会受到影响。比如，如果没有明确的财务管理制度，发票和账目随意处理，就很容易出现税务问题。

老张的公司以前管理比较松散，发票谁都能开，资金的流动也没有明确记录。结果税务申报时，经常因为账目不清楚而被税务局盯上。现在，新《公司法》出台后，老张不得不重新梳理公司的治理结构，建立明确的财务和税务管理制度，确保公司治理规范，税务申报也更加有条不紊。

在新《公司法》下，公司治理与税务合规息息相关。只有公司治理规范了，税务管理才能有效落实，改变"头痛医头、脚痛医脚"的临时措施，企业才能实现稳健发展。

二、税务问题不只是财务部门的事

过去，很多企业的老板认为税务合规是财务部门的责任，只要账目有问题，交给财务人员处理就好。但新《公司法》明确规定，公司高层、法定代表人对公司的税务问题负有直接责任。这意味着，如果公司在税务上出了大问题，不仅财务要负责，公司高管和法人也可能承担相应的法律责任。

老李以前一直觉得税务合规是财务人员的事情，自己不用操心。但自从新《公司法》出台后，他意识到作为公司的法人，自己也必须承担一定的税务责任。于是，老李开始更加重视公司的税务管理，亲自过问财务流程，确保公司治理和税务合规同步推进。

在新《公司法》下，企业法人和高管必须承担更多的税务责任。这不仅要求老板们要有足够的税务知识，还需要他们主动参与到税务合规的管理中，做到心中有数，避免因为疏忽而承担法律风险。

三、管理和税务都要经得起检查

新《公司法》强调了财务透明化的重要性，企业的财务报表、资金流动和税务申报都必须做到真实、透明，接受社会和税务机关的监督。以前企业可能通过一些"账面操作"来降低税务负担，但在新的监管要求下，财务透明是公司治理和税务合规的共同目标。

老刘的公司以前总是通过调整账目来"优化"税务支出，但随着税务局监管的加强，老刘明白这些做法风险极大，便决定对公司治理和财务制度进行全面透明化整改。他引入了智能化财务管理系统，确保所有账目清楚、可追溯，税务合规也变得更加简单。

财务透明化不仅是新《公司法》对公司治理的要求，也是税务合规的前提。只有账目清晰、资金流动合理，企业才能在日益严格的监管环境下保持合规，避免税务风险。

四、建立内部控制和审计机制

新《公司法》鼓励企业建立健全的内部控制和审计机制，这不仅可以帮助企业规范治理，还能提前发现并解决潜在的税务风险。通过内部审计，企业可以定期检查财务报表和税务申报是否存在问题，及时纠正不合规行为，防止小问题演变成大麻烦。

老王的公司在财务顾问的建议下，建立了内部审计制度，每季度由专门的团队进行自查，重点检查发票管理、税务申报、成本核算等环节。通过这种预防机制，老王的公司避免了多次潜在的税务问题，也让公司的治理水平大大提高。

企业必须认识到，内部控制和审计机制不仅仅是为了满足法律要求，它是确保公司治理和税务合规的有效工具。通过内部审计，企业可以及时调整经营策略，规避风险，从而提升整体管理水平。

▶ 财税小贴士

新《公司法》出来了，公司治理和税务合规得两手抓，互相促进。

企业不能再把治理和税务分开来搞了，得建立个规范的治理结构，明确高层的责任，确保财务透明，内部审计机制也得完善，这样才能实现税务合规。只有把公司治理和税务管理一起抓好，咱们才能在新的法律环境下确保企业的合规和持续发展，咱们的企业才能走得更远，更稳。

老洪案例汇

新《公司法》下，股权变更与"20%"的魔法线

在新《公司法》的框架下，股权变更涉及的个税问题备受关注。其中有一条规定是需要老板们特别关注的。

根据《关于发布〈股权转让所得个人所得税管理办法（试行）〉的公告》（国家税务总局公告2014年第67号）的规定，当特定资产占比超过20%时，主管税务机关有权要求纳税人提供由具有法定资质的中介机构出具的资产评估报告，以此作为核定股权转让收入的依据。

这条规定该怎么理解？

也就是说，在新《公司法》的框架下，股权变更时，被投资企业的固定资产、无形资产及长期股权投资（合称"特定资产"）合计金额占企业总资产比例大于或者小于20%的临界值，成为了税务机关核定股权转让收入的重要参考。

2024年8月，我们就处理过一宗农业科技公司股权变更业务，该案例深刻反映了新规定对实际操作的影响。

张老板和他的妻子曾经共同经营一家农业科技公司，张老板是大股东，持有60%的股权，而妻子则持有剩下的40%。但天有不测风云，两人因故离婚，于是决定重新分配股权。

张老板打算接手妻子的大部分股权，也就是38%，而另外2%则转

让给新股东莫老板。公司的注册资金是 300 万元。但 2024 年 7 月的财务报表却显示，公司亏损了 21.89 万元。

"亏损这么多，股权转让应该没什么税要交吧？"

然而，事情并没有这么简单。新《公司法》的框架下，虽然公司亏损，但咱们还得看一个神奇的"20% 临界值"——那就是特定资产。张老板公司的这个比例高达 38.23%，远超过 20%。这意味着，税务机关要求必须找一个专业的评估机构，来评估一下这些资产到底值多少钱，然后再根据这个评估结果来核定股权转让的收入。

在过去，利润亏损，股权转让三方通常只需缴纳万分之五的产权转让书据印花税。但如今，特定资产占比超标，说明张老板先得找具有法定资质的中介机构出具的资产评估报告，之后拿着评估结果才可以去税务局做股权转让变更。

由此可见，这一新规定对股权变更的税务处理产生的显著影响。因此，强烈建议老板们在进行股权变更时，务必认真学习、充分了解新《公司法》的这个规定，以免陷入不必要的税务风险。同时，寻求专业税务顾问的协助也是确保合规操作的重要一环。

第三节
新法下的税务合规实操指南

老张经营一家机械厂，生意做得不错，但新《公司法》一出台，他就开始心慌了。听说这次要求更高，尤其是税务合规那一部分，让他很头疼。以前，他觉得税务问题都是财务部门的事，出了问题让财务处理就行了。可现在，法定代表人要对税务问题负责。

有一次，公司因发票数据不对，税务局直接找上门，老张差点被罚了一大笔钱。这事儿让他开始意识到，光靠以前的老经验应付不了新《公司法》。他赶紧找了税务顾问，重新梳理公司的税务流程，调整了财务管理，终于把相关事务弄明白了。

新《公司法》出台后，税务合规的要求变得更严，企业不及时调整的话，分分钟可能踩雷。接下来，我就通过老张的案例，教你在新《公司法》下，如何搞定税务合规，稳住局面（如图4-3所示）。

- 彻底梳理财务流程，账目要清楚
- 申报按时按规，拖延是大忌
- 法定代表人也要重视税务问题
- 建立内部审计机制，避免问题爆发
- 别放过任何合法的税收优惠

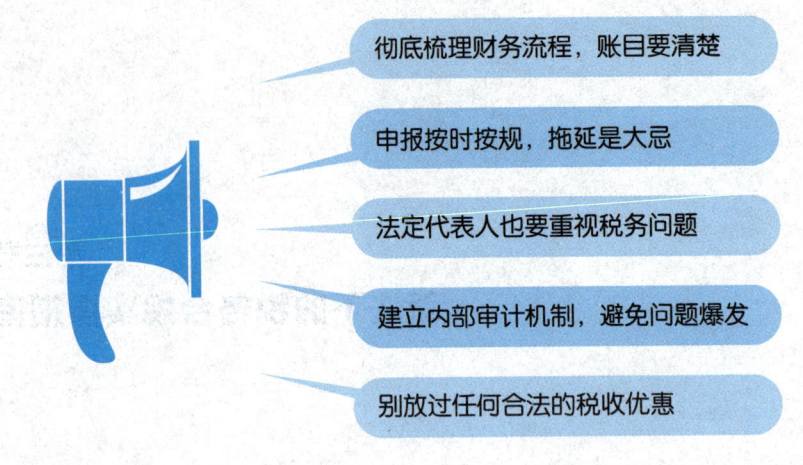

图 4-3　新《公司法》下税务合规的五项措施

一、彻底梳理财务流程，账目要清楚

刚开始，老张就遇上了发票和实际收入对不上的情况，结果被税务局重点关注了。要知道，新《公司法》要求所有的财务数据都得透明、准确，不能再随便应付。老张立马找人清理了所有账目，把那些没对上的发票、银行流水、账本统统梳理了一遍，发现过去模糊处理的地方真不少。

他还换了个财务管理系统，自动对接发票和收入，所有数据一目了然。这一步让他的财务状况彻底清晰，再也不怕税务局来稽查了。

建议各位老板，从发票、收入、成本到报税，所有数据都必须对得上。定期对账，搞清楚每一笔交易，别让模糊账目拖累企业。

二、申报按时按规，拖延是大忌

以前老张总觉得拖一拖不会有事，结果有一次因为资金周转不开，拖延申报，被罚了一大笔款。新《公司法》可不会再让你有"拖延的空间"，企业必须按时、按规申报税款。老张后来调整了公司的资金流，确保每个月的税款准时交，还让财务人员提前准备好申报资料，避免再出现拖延问题。

现在，他每个月都按照计划走，再也不怕申报时出乱子了。

千万别拖！提前安排好资金和申报流程，确保每一笔税款都按时交，别等税务局来敲门，被发现申报延迟，罚款可是跑不掉的。

三、法定代表人也要重视税务问题

老张一开始以为税务问题是财务的事，自己不用操心，结果新《公司法》规定，法定代表人要对公司的税务合规负责。这下他慌了，赶紧学习相关税务知识，还让财务部门定期向他汇报税务情况。

老张还安排了专门的会计，每月报税前都向他汇报，确保他知道每一笔税务申报的情况。这样一来，不管税务上出什么问题，他心里都有底。

作为老板，不能再把税务问题全扔给财务了。定期过问公司的税务申报，确保自己对公司的税务情况一清二楚。

四、建立内部审计机制，避免问题爆发

老张的公司以前根本没有做过内部审计，账目混乱，税务事宜经常靠财务部随便糊弄。新《公司法》要求加强公司内部控制，特别是税务审查。老张这回吸取了教训，成立了内部审计团队，每季度都对账目和税务数据进行检查，发现问题立马整改。

通过这样的自查机制，老张的公司不但避免了不少税务风险，还提升了整体管理水平。

建议建立内部审计机制，每季度做一次全面检查。发现问题马上解决，别等税务局上门时再慌乱补救。

五、别放过任何合法的税收优惠

老张的顾问还帮他做了税务筹划，合法利用税收优惠政策减轻负担。比如，老张通过研发费用加计扣除和小微企业税收减免政策，省下了一

大笔钱。这样，他在保证合规的同时，还减少了公司的税务压力。

老板们应该学会利用税收优惠政策合法节税，聘用专业的税务顾问，帮你最大化地减轻税务负担，别白白交冤枉钱。

▶ 财税小贴士

新《公司法》下，税务合规是硬指标。老张的经历告诉我们，企业必须彻底梳理财务，按时申报，法定代表人自己也得上心，还要建立起内部审计机制，合理利用税收优惠政策。

现在就行动起来，赶紧检查你的公司是否符合新《公司法》的税务要求。别等问题爆发再去补救，早下手，才能保住公司的长远发展。

🎓 老洪案例汇

一张走逃发票的教训——大数据时代下的企业合规

那天是 2023 年 2 月 23 日，一个普通的工作日突然变得不寻常，因为我接到了税务局的电话。电话那头传来的消息像一记重锤，我们服务的一位建筑行业客户涉嫌在 2021 年 10 月 26 日虚开一张 70000 元的办公家具发票。这突如其来的消息让我们立即行动起来。

税务局要的不止是解释，更重要的是证据：购销合同、付款凭证、物流单据、出入库记录及会计账本，每一样都不能少。我们开始紧张地搜集和整理这些资料，却发现了一个让人不寒而栗的事实：买家具的钱是一个员工私下里付的，和公司没直接联系，这明显违反了"三流一致"的要求。

这个发现让我们如坐针毡。果不其然，税务一查到底，我们不得不调整账目，还被罚不能抵扣当年的企业所得税。好在调完账后公司并没有额外利润,所以不用补税和交滞纳金。

这一切的麻烦都来自那张走逃发票。这种发票就是那些开票的公司开了票就人间蒸发,让你没法核实,更别提抵扣了。这背后往往是些见不得光的违规操作,严重扰乱了税收的正常秩序。

这次事件给我们的教训是在大数据时代的监管下,企业的一举一动都无所遁形。税务部门现在有了高科技的帮忙,任何异常交易和违规行为都逃不过他们的法眼。我们必须严格遵守税收法律,保持透明运营,这样才能避免法律风险和经济损失,同时也能树立良好的企业形象。

最后,我想强调的是,企业得重视自身的合规建设。在这个大数据监管的时代,只有让每笔交易都能经得起法律的考验,我们才能在市场竞争中站稳脚跟,实现长远的发展。

第四节
真实案例：灵活应对新法规，合规更省心

　　老刘经营了一家小型家电厂，生意做得有声有色，但管理上一直有点随意。发票不对账、账目模糊、申报延迟的情况时有发生，他总觉得这些"小问题"不会出大事。可随着新《公司法》出台，税务合规要求变得更加严格，老刘开始有些慌了。他听说，企业法人现在也要对税务问题负责，合规不达标不仅要罚款，可能还要承担法律责任。

　　新规出来后不久，老刘公司的发票和收入账目不一致，税务局发来了预警通知。事情到了这一步，老刘知道不能再拖了，于是他决定采取行动，重新梳理公司税务流程，调整经营方式。经过一番调整和努力，老刘不仅化解了眼前的危机，税务合规也变得省心了许多。

　　接下来就通过老刘的真实案例，看看他是如何灵活应对新法规，实现税务合规的（如图4-4所示）。

第四章 新《公司法》下的税务合规注意事项

从发票入手，重新整理账目

税务合规不能全推给财务

定期内部审计，提前发现问题

改掉拖延申报的老毛病

用好税务优惠政策，合法减轻负担

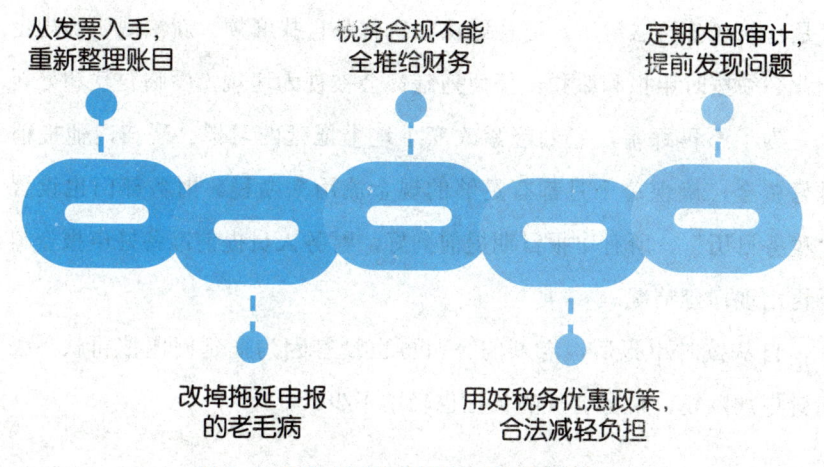

图4-4 实践中新法下税务合规的具体步骤

一、从发票入手，重新整理账目

老刘收到税务局预警后，第一时间找来了税务顾问。顾问一检查，就发现问题出在发票和收入对不上。原来，老刘的公司习惯性地延迟发票入账，有些收入没及时申报。过去税务局检查不严，大家都觉得问题不大，可是新《公司法》明确要求，发票、收入和账目必须完全匹配，不然就会被盯上。

顾问建议老刘，立即把所有发票重新对账，确保每笔收入都有相应的发票和银行流水支撑。同时，老刘还引入了一套智能财务系统，发票和收入实时更新，再也不需要靠手工去核对账目。

通过这次调整，老刘公司的账目清晰了，发票和收入完全匹配，税务局的预警问题也随之消失了。公司不用再担心被税务局盯上，老刘自己也省了不少心。

二、改掉拖延申报的老毛病

老刘以前总觉得拖延申报没啥大事，等资金周转过来了再补交就行。

可是在新《公司法》下，这种做法简直就是自找麻烦。新法规明确规定，企业必须按时申报和缴税，任何拖延都会被视为违规，面临罚款和处罚。

为了不再踩雷，老刘赶紧改变了这个拖延的习惯。现在，他提前安排好资金，确保每个月都有足够的现金流用来缴税。财务部门也设置了"税务日历"，所有申报日期提前列好，财务人员提前准备好申报资料，不再出现拖延情况。

自从按时申报后，老刘的公司再也没有因为拖延问题被罚款，公司运营更加顺畅，税务合规的负担也轻了不少。

三、税务合规不能全推给财务

过去，老刘一直把税务问题扔给财务部门，自己很少过问。可新《公司法》规定，法定代表人要对公司的税务问题负责，老刘突然意识到，自己也得对税务情况做到心中有数。于是，他决定亲自参与公司的税务管理，定期检查财务报表，掌握公司的税务动向。

他还专门请了税务顾问进行培训，学习了基本的税务知识。现在每次报税前，老刘都会亲自过问公司的税务申报情况，确保所有账目准确、合规，才放手让财务部门去申报。

通过这次改变，老刘不仅避免了税务风险，自己对公司的财务状况也有了更深入的了解。税务合规不再是一头雾水，而是他能掌控的部分，公司运营更加稳健。

四、用好税务优惠政策，合法减轻负担

老刘在解决了税务合规问题后，顾问还提醒他，合规并不意味着只能按部就班地缴税，合理利用税收优惠政策，企业也可以减轻不少税负。于是，老刘根据公司的情况，申请了小微企业税收减免和研发费用加计扣除政策。这样一来，公司不仅合规，税务负担也大大减轻。

通过合理的税务筹划，老刘不仅达到了合规要求，还省下了一大笔税款。公司的财务状况得到了改善，运营也更加轻松。

五、定期内部审计，提前发现问题

为防止税务问题再次出现，老刘决定引入定期的内部审计机制，每季度进行一次全面的税务和财务审查。通过审计，财务团队能够及时发现发票、收入或账目中的异常，提前纠正，避免问题扩大。

内部审计机制的引入，让老刘的公司提前发现并解决了几个潜在的税务风险。通过自查，问题没有扩大，合规也更加稳妥了。老刘再也不需要担心突如其来的税务检查。

▶ 财税小贴士

老刘的案例告诉我们，新《公司法》的税务合规要求看似复杂，但只要灵活应对，实际操作并不难。通过重新梳理发票账目、按时申报、老板亲自参与税务管理、合理利用税收优惠政策及引入内部审计机制，老刘不仅化解了税务危机，还让公司运营更加省心、合规。

税务合规不是"拦路虎"，只有找对方法、灵活应对，才可以在新《公司法》下稳步前行，省心又省力。

🎓 老洪案例汇

横向人格否认：一场您输不起的商业博弈！

新《公司法》的浪潮席卷而来，老板们纷纷将目光投向了实缴制度。然而，实缴并非最大的风险，真正潜藏在水面下的巨浪，是那个号称会"刺破公司面纱"的横向人格否认制度。您是否了解"横向人格否认"？这可不是一个简单的法律名词，而是悬在您企业头顶的一把利剑！接下来，就让我们一同揭开横向人格否认的神秘面纱，看看它究竟是何方神圣，以及为何您必须将它列为重点关注对象！

一、什么是公司人格的横向否认

公司人格横向否认的相关制度是新《公司法》第二十三条的新增内容，该条规定对于一个股东持有两个及以上公司股权，各关联公司之间不得相互转移资产、逃避债务，损害债权人利益，否则各公司将为其中任一公司的债务承担连带清偿责任。

公司人格的横向否认，指的是控股股东控制多个子公司或者关联公司，其滥用控制权使多个子公司或者关联公司财产边界不清、财务混同，利益相互输送，丧失人格独立性，沦为控制股东逃避债务、非法经营，甚至违法犯罪的工具，此时可以相互否认子公司、关联公司的法人人格，判令相互承担相应的连带责任。

举个例子，假设李老板名下的 A 公司欠下了 200 万元的巨额债务，为了逃避这一债务，他巧妙地将 A 公司的资产转移到了新成立的 B 公司。B 公司的注册资金仅 20 万元。当债主追上门来，A 公司却摆出一副"空壳"的姿态，声称无资产可供偿还。而 B 公司虽然手握资产，却以其注册资本仅 20 万元为由，只承担 20 万元的债务，试图躲避债主的追讨。

然而，在新《公司法》的横向人格否认制度面前，这一种"巧妙"的操作都失去了作用。法院经审查发现，这位老板利用其对 A 公司和 B 公司的控制权，滥用了公司的独立地位，通过转移资产的方式逃避债务，严重损害了债权人的利益。因此，法院裁定，B 公司需对 A 公司的债务承担连带责任，这意味着债主可以直接向 B 公司追讨原本属于 A 公司的债务 200 万元。

二、新《公司法》中与人格否认相关的规定有哪些（如图 4-5 所示）

01 公司股东应当对公司债务承担连带责任

02 股东控制的多公司互相承担连带责任

03 一人公司的唯一股东应承担连带责任

图 4-5　新《公司法》中与人格否认相关的三项规定

1. 公司股东滥用公司法人独立地位和股东有限责任，逃避债务，严重损害公司债权人利益的，应当对公司债务承担连带责任。这是对公司人格否认制度的基本原则的确认。

案例：李老板的餐饮公司与千万债务纠纷

李老板是餐饮界的翘楚，他经营的一家餐饮公司在多个城市都有分店，以特色菜品和高品质服务著称。然而，随着公司快速扩张，资金压力逐渐显现。为了维持运营和继续开店，李老板向多家供应商和银行借款，累计债务达到了惊人的 2000 万元。

具体来说，他欠下了食材供应商 A 公司 500 万元的货款，这是因为他长期从该供应商处采购大量高级食材。此外，他还拖欠了厨具供应商 B 公司 300 万元的设备款项，以及装修设计公司 C 公司 200 万元的装修费用。同时，为了支付员工工资和日常开销，李老板还向银行申请了 1000 万元的贷款。当还款期限陆续到来时，李老板却发现公司资金链断裂，根本无力偿还这些巨额债务。为了逃避责任，他开始利用自己是公司大股东的身份，操纵财务报表，隐藏公司真实收入，并将部分资金转移到自己名下的其他公司。

然而，纸包不住火。供应商和银行很快察觉到了异常，他们纷纷向法院提起诉讼，要求该餐饮公司和李老板个人偿还债务。在法庭上，他们提供了确凿的证据，证明李老板滥用公司法人独立地位和股东有限责任来逃避债务。

最终，法院作出了公正的判决：李老板必须对该餐饮公司的2000万元债务承担连带责任。这意味着他不仅需要变卖个人资产来偿还债务，还可能面临长期的信用损失和法律制裁。

2. 股东利用其控制的两个以上公司，实施损害债权人利益的行为时，各公司应当对任一公司的债务承担连带责任。这是新《公司法》中关于横向人格否认的明确规定，防止股东通过控制多个公司来逃避债务。

案例："科技巨头"与"地产大亨"的亿元债务迷局

王总是一位在商界声名显赫的人物，掌控着科技领域的创新型企业A公司和地产界的佼佼者B公司。然而，背后却隐藏着不为人知的巨额债务危机。

为了推动A公司的科技研发，王总曾向银行申请了高达5亿元的贷款。他计划用这笔资金来研发一款颠覆性的科技产品，从而占领市场先机。然而，研发过程中遇到了重重困难，资金消耗速度远超预期，而研发成果却迟迟未能转化为实际收益。

与此同时，B公司也面临着巨大的经营压力。由于市场环境的变化和政策调控，地产项目销售陷入困境，资金回笼变得遥遥无期。为了维持B公司的运营，王总不得不考虑其他资金来源，面对两家公司的资金困境，王总心生一计。他利用对A公司和B公司的控制权，通过一系列复杂的关联交易和财务操作，将A公司原本用于科技研发的2亿元资金悄悄转移到B公司，以缓解B公司的资金压力。然而，这一举动却使A公司陷入了更深的债务泥潭，无法按时偿还银行的贷款。

当银行发现这一异常情况后，立即展开了深入调查。他们发现王总利用两家公司之间的关联关系进行资金腾挪，严重损害了作为A公司债权人的银行的利益。根据新《公司法》中关于横向人格否认的明确规定，银行有权要求A公司和B公司对任一公司的债务承担连带责任。

在法律的压力下，王总不得不面对现实，承认自己的债务责任。他不得不采取各种措施来筹集资金，包括出售资产、寻求新的投资者等，以偿还银行的巨额贷款。这场亿元债务迷局最终给王总和他的两家公司带来了沉重的打击，也为他在商业界的声誉蒙上了阴影。

3. 对于只有一个股东的公司，即一人公司，如果股东不能证明公司财产独立于自己的财产，也应当对公司债务承担连带责任。这是针对一人公司的特殊规定，旨在保护债权人的利益。

案例：李老板的一人广告公司与百万债务纠纷

李老板在广告界摸爬滚打多年，积累了丰富的经验和资源。他看到市场上的广告需求日益增长，便决定成立一家一人广告公司，专门提供个性化的广告设计与策划服务。

公司开业不久，就凭借独特的创意和优质的服务，赢得了不少客户的青睐。其中，一家名大型传媒公司，对李老板的广告公司尤为赞赏，双方签订了多份广告合作合同。

然而，好景不长。随着业务规模的迅速扩大，李老板发现公司的资金流愈发紧张。为了维持运营和满足客户需求，他开始以个人名义向各种渠道融资，并把这些资金全部投入到公司中。这时，合作的传媒公司突然提出终止部分合作，并要求李老板地广告公司退还已支付的预付款项。而此时的李老板，已经将大部分资金用于其他项目，公司账户里根本没有足够的钱来退款。

在多次协商无果后，传媒公司决定通过法律途径解决问题。在法庭上，传媒公司提出了证据，证明李老板的个人财产与他的广告公司的财产存在高度混同的情况。他们指出，李老板未能有效区分公司和个人财产，导致无法确定哪些资金属于公司，哪些属于个人。

根据关于一人公司的特殊规定，如果股东不能证明公司财产独立于自己的财产，也应当对公司债务承担连带责任。因此，传媒公司要求李老板对他的广告公司的百万债务承担连带责任。经过审理，法官支持了传媒公司的诉求。李老板不仅需要退还传媒公司的预付款项，还要承担因此产生的所有法律费用。

第五章 《会计法》改动对税务合规的影响

第一节
新《会计法》的变化

老王是个做家具生意的老板,最近在公司财务上遇到了一些麻烦。因为平时习惯了老一套的做法,对《会计法》的变化不太上心,结果被税务局盯上了。特别是新《会计法》出台后,财务上的要求越来越高,老王搞不清到底哪里出了问题。他平时忙着管业务,财务上的事儿都是交给会计处理,可这次碰上了新法规,他自己也有点犯懵。

新《会计法》到底有什么变化?为什么对公司的财务处理要求这么多?老王决定搞明白,免得再踩雷。

新《会计法》的出台,让不少中小企业老板开始关注财务管理。以前大家习惯用老办法,觉得财务就是记账、报税的事儿,可新法要求的标准更高、规范更多。如果不及时了解和调整,公司很可能因为疏忽而陷入麻烦。以下几个变化就是新《会计法》带来的关键点,老板们一定要注意(如图5-1所示)。

新《会计法》的变化

- 财务数据要更加透明
- 内控要求更高，管理更精细
- 财务人员的专业要求提高
- 税务和会计对接更紧密
- 报表披露要更加全面

图 5-1　新《会计法》的五个关键变化

一、财务数据要更加透明

新《会计法》最明显的变化，就是对企业财务数据透明度的要求大大提高。过去，一些公司习惯性地"做点调整"，把某些开支、收入隐藏起来或者做模糊处理。可现在，新法明确规定，财务报表必须真实、准确、不允许隐瞒、虚报或者任何形式的造假。

> 老王的公司以前为了少缴税，有些收入延迟入账，发票也没及时开。结果被新《会计法》的监管查到，不得不补缴税款。新法要求每一笔收入和支出都要有据可查，账目要清晰，不能再有"模糊账"。

建议老板们要确保公司的账目清晰透明。财务报表、发票、银行流水都得做到一一对应，不留漏洞。与其担心税务检查，不如提前把账目做实做细。

二、内控要求更高，管理更精细

新《会计法》还增加了对企业内部控制的要求，特别是对于企业的财务管理流程，要求更严格、更规范。过去，很多公司对内部财务流程并不重视，谁开票、谁报账没个明确流程。可现在，新法要求公司建立起一套完整的内控体系，确保每个环节都合规，避免出现管理漏洞。

  老李的公司财务管理比较松散，经常发票和支出记录不一致，新《会计法》出台后，老李不得不重新规范内部流程，专门设立了负责审核和监管的部门，确保每一笔开支和报销都有清晰的审核记录。

建议建立健全公司的内控体系，明确每一个流程的责任人，确保每一笔支出都有审核和记录。内控制度强，财务合规就能少出错。

三、财务人员的专业要求提高

随着新《会计法》的实施，企业对财务人员的专业能力要求也提高了不少。新法对会计处理、报表编制、税务筹划等方面的要求更加严格，以前那些靠老经验、简单做账的财务方法已经不合时宜。企业必须确保财务人员具备最新的会计知识，跟得上法规的变化。

  老张的公司以前的财务人员多是凭经验做事，报表也不够规范。新法出台后，老张意识到，单靠过去的老经验已经无法应对新的会计要求，于是专门请了专业的会计师来处理公司的账务，并对老员工进行了培训，提升了他们的业务水平。

建议为财务团队提供培训，让他们及时掌握新《会计法》的要求。财务人员越专业，公司越能轻松应对新的合规要求。

四、税务和会计对接更紧密

新《会计法》不仅对财务报表提出了新的规范，也要求企业在税务和会计数据对接上做到更精细、更准确。过去，很多企业的税务申报和会计报表常常不一致，税务局也难以发现问题。可新《会计法》下，税务局通过系统比对，会计报表和税务申报数据必须一致，一旦有不符的地方，企业就可能被稽查。

小刘的公司之前常有报表和税务申报不一致的情况，新法出台后，他发现税务局盯得越来越紧，稍有出入就会被警告。他赶紧调整了公司的会计和税务数据对接方式，确保报表和申报的数据完全一致。

建议公司必须确保会计报表和税务申报之间的数据信息一致，避免因数据不符被稽查。财务和税务要无缝衔接，减少风险。

五、报表披露要更加全面

新《会计法》还强调了企业的财务报表披露要求，特别是对于一些关键财务指标和重大事项，企业必须在报表中详细披露。以前很多企业的财务报表披露比较简单，只报个大概数字就了事。但新法要求，所有与企业经营相关的重大交易、财务变化、资产负债等，都要详细披露，确保报表的真实性和完整性。

老赵的公司以前在披露方面做得很粗糙，报表上常常含糊带过。现在他专门请财务团队重新梳理财务披露内容，确保符合新《会计法》的要求，避免在未来的财务检查中出问题。

建议公司在编制财务报表时，要详细披露所有关键财务信息。企业老板要确保财务团队明白披露的重要性，不可省略或简化关键数据。

▶财税小贴士

新《会计法》对企业的财务管理要求更高了,从数据透明度、内部控制,到财务人员的专业水平、报表披露和税务对接,都得做得更到位。别老想着用那套老经验来处理财务问题了,现在是时候跟上新法规的步伐。

得确保财务数据透明、流程规范、人员专业,这样咱们的企业才能在新《会计法》下合规经营,避免不必要的风险和麻烦。其实合规也不难,只要你了解新法规的变化,早点做准备,就能轻松应对!

▶知识链接

新《会计法》下单位负责人的责任与风险

一、新《会计法》对单位负责人的处罚重点(如图 5-2 所示)

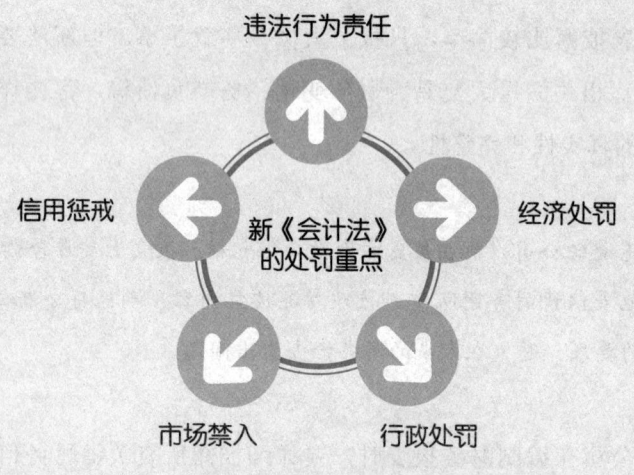

图 5-2 新《会计法》的五个处罚重点

1. 违法行为责任：如果单位负责人指使、授意会计人员违法办理会计事项，或强令、指使、授意会计人员及财务机构伪造、变造、隐匿、故意销毁会计凭证、会计账簿，编制、提供虚假财务会计报告等，单位负责人需承担主要责任，并可能面临刑事或行政处罚。

2. 经济处罚：对于严重的会计违法行为，如故意销毁会计凭证、会计账簿等，单位负责人可能面临罚款等经济处罚。

3. 行政处罚：新《会计法》还规定了行政处罚措施，如警告、责令限期改正等。如果单位负责人未能采取有效措施防止或纠正会计违法行为，可能受到相关行政部门的处罚。

4. 市场禁入：对于严重违法的单位负责人，新《会计法》还规定了市场禁入措施，即在一定期限内或永久禁止其担任相关职务或参与相关市场活动。

5. 信用惩戒：单位负责人的违法行为还可能被记入信用记录，影响其个人和企业在市场上的信誉和融资能力。

综上所述，新《会计法》对单位负责人的处罚涵盖了经济、行政、市场禁入和信用等多个方面，旨在确保单位负责人严格遵守会计法规，维护市场秩序和投资者利益。

二、新《会计法》中罚款额度具体标准的改动

1. 对于不依法设置会计账簿、私设会计账簿等违法行为，新的《会计法》大幅提高了罚款上限，从原来的5万元提升到100万元。

2. 伪造、变造会计凭证、会计账簿编制虚假财务会计报告等行为，罚款上限从原来的5万元提升至违法所得的1倍以上10倍以下，若违法所得不足20万元，则罚款可为20万元以上200万元以下。对直接负责的主管人员和其他直接责任人员，可处10万元以上50万元以下的罚款，情节严重的，可处50万元以上200万元以下的罚款。

3. 对于授意、指使、强令会计机构、会计人员及其他人员伪造、变造会计凭证、会计账簿，编制虚假财务会计报告等行为，情节严重的情况下可并处 100 万元以上 500 万元以下罚款。

总的来说，新《会计法》通过大幅提高各类会计违法行为的罚款额度，加强了对会计违法行为的惩戒力度。

三、新《会计法》中部分法律责任条款的加强

1. 强化了单位负责人的责任，单位负责人需对本单位的会计工作和会计资料的真实性、完整性负责。

2. 明确并加大了对个人的法律责任，对于直接负责的主管人员和其他直接责任人员，若存在违法行为，将面临高额罚款。

3. 加强了对会计违法行为的行政监督，财政部门将加强对单位会计工作的外部监督，对违法行为进行严格查处。

总的来说，新《会计法》在多个方面加强了法律责任条款（如表 5-1 所示），以提高会计信息的真实性和透明度，保障市场经济的健康发展。

表 5-1 新旧《会计法》部分内容对照表

旧《会计法》（2017）	新《会计法》（2024）
第二条 国家机关、社会团体、公司、企业、事业单位和其他组织（以下统称单位）必须依照本法办理会计事务。	第二条 会计工作应当贯彻落实党和国家路线方针政策、决策部署，维护社会公共利益，为国民经济和社会发展服务。国家机关、社会团体、公司、企业、事业单位和其他组织（以下统称单位）必须依照本法办理会计事务。
第八条 国家实行统一的会计制度。国家统一的会计制度由国务院财政部门根据本法制定并公布。	第八条 （增改）国家加强会计信息化建设，鼓励依法采用现代信息技术开展会计工作，具体办法由国务院财政部门会同有关部门制定。

第五章 《会计法》改动对税务合规的影响　113

续表

旧《会计法》（2017）	新《会计法》（2024）
第十条　下列经济业务事项，应当办理会计手续，进行会计核算：（一）款项和有价证券的收付；（二）财物的收发、增减和使用；（三）债权债务的发生和结算；（四）资本、基金的增减；（五）收入、支出、费用、成本的计算；（六）财务成果的计算和处理；（七）需要办理会计手续、进行会计核算的其他事项。	第十条　各单位应当对下列经济业务事项办理会计手续，进行会计核算：（一）资产的增减和使用；（二）负债的增减；（三）净资产（所有者权益）的增减；（四）收入、支出、费用、成本的增减；（五）财务成果的计算和处理；（六）需要办理会计手续、进行会计核算的其他事项。
第二十条　财务会计报告由会计报表、会计报表附注和财务情况说明书组成。向不同的会计资料使用者提供的财务会计报告，其编制依据应当一致。有关法律、行政法规规定会计报表、会计报表附注和财务情况说明书须经注册会计师审计的，注册会计师及其所在的会计师事务所出具的审计报告应当随同财务会计报告一并提供。	第二十条　向不同的会计资料使用者提供的财务会计报告，其编制依据应当一致。有关法律、行政法规规定财务会计报告须经注册会计师审计的，注册会计师及其所在的会计师事务所出具的审计报告应当随同财务会计报告一并提供。
第二十三条　各单位对会计凭证、会计账簿、财务会计报告和其他会计资料应当建立档案，妥善保管。会计档案的保管期限和销毁办法，由国务院财政部门会同有关部门制定。	第二十三条　各单位对会计凭证、会计账簿、财务会计报告和其他会计资料应当建立档案，妥善保管。会计档案的保管期限、销毁、安全保护等具体管理办法，由国务院财政部门会同有关部门制定。
第二十七条　各单位应当建立、健全本单位内部会计监督制度。	第二十五条　各单位应当建立、健全本单位内部会计监督制度，并将其纳入本单位内部控制制度。
第三十三条　财政、审计、税务、人民银行、证券监管、保险监管等部门应当依照有关法律、行政法规规定的职责，对有关单位的会计资料实施监督检查。	第三十一条　财政、审计、税务、金融管理等部门应当依照有关法律、行政法规规定的职责，对有关单位的会计资料实施监督检查，并出具检查结论。

续表

旧《会计法》（2017）	新《会计法》（2024）
第三十六条　各单位应当根据会计业务的需要，设置会计机构，或者在有关机构中设置会计人员并指定会计主管人员；不具备设置条件的，应当委托经批准设立从事会计代理记帐业务的中介机构代理记帐。	第三十四条　各单位应当根据会计业务的需要，依法采取下列一种方式组织本单位的会计工作：（一）设置会计机构；（二）在有关机构中设置会计岗位并指定会计主管人员；（三）委托经批准设立从事会计代理记账业务的中介机构代理记账；（四）国务院财政部门规定的其他方式。
第四十二条　违反本法规定，有下列行为之一的，由县级以上人民政府财政部门责令限期改正，可以对单位并处三千元以上五万元以下的罚款；对其直接负责的主管人员和其他直接责任人员，可以处二千元以上二万元以下的罚款。	第四十条　违反本法规定，有下列行为之一的，由县级以上人民政府财政部门责令限期改正，给予警告、通报批评，对单位可以并处二十万元以下的罚款，对其直接负责的主管人员和其他直接责任人员可以处五万元以下的罚款；情节严重的，对单位可以并处二十万元以上一百万元以下的罚款，对其直接负责的主管人员和其他直接责任人员可以处五万元以上五十万元以下的罚款；属于公职人员的，还应当依法给予处分。

第五章 《会计法》改动对税务合规的影响

第二节
会计和税务合规的紧密配合

老赵是一家中小企业的老板,做机械零件生意。这几年生意上去了,但公司账务上总是出问题,特别是税务和会计这两块儿,总是对不上。每次申报税款,老赵都头疼得不行。公司财务跟他讲:"老板,税务和会计数据总是差一点,老是错开。要是再不调整,税务局早晚找上门!"

老赵意识到,公司账面上的事儿不能再这么马虎。财务和税务必须紧密配合,才能避免踩雷。他立马决定调整公司的财务和税务管理流程,从头理顺,确保会计和税务数据对得上,避免让问题拖成大麻烦。

对于中小企业来说,税务和会计的合规不能各行其是,必须做到紧密配合、同步调整。很多老板觉得这两部分事务各有门道,分开处理就好,其实这是一个误区。税务和会计紧密配合,既能减少税务风险,还能让企业管理更顺畅。接下来,我就告诉大家具体该怎么做(如图5-3所示)。

- 01 会计数据要和税务申报无缝对接
- 02 按时申报，别拖拖拉拉
- 03 税务筹划和会计工作同步进行
- 04 财务团队和税务顾问要密切沟通
- 05 数据透明化，及时发现问题

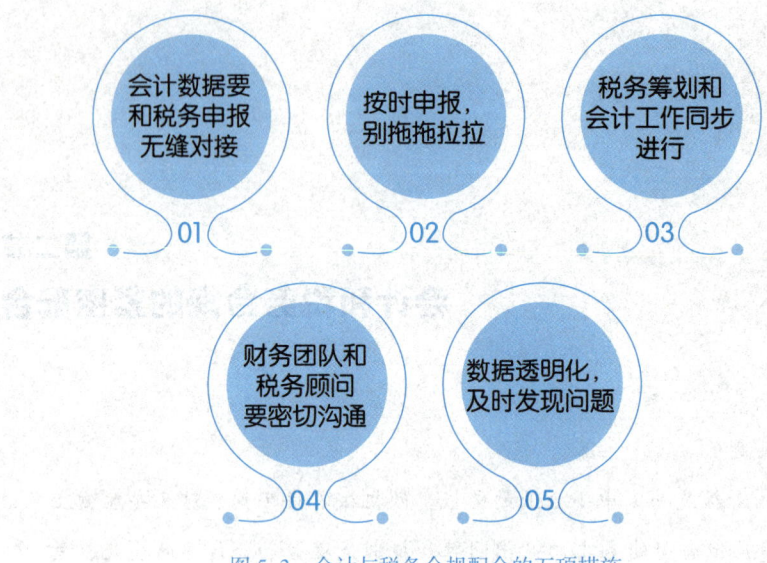

图 5-3　会计与税务合规配合的五项措施

一、会计数据要和税务申报无缝对接

先说会计，公司的所有财务数据最终都会变成税务申报的数据。会计账目不清晰、做账随意，到了报税那一步肯定麻烦。比如，收入明明到账了，但发票没及时开，或者某些开销没入账，等到申报时，这些数据对不上，税务局很容易发现问题。

老赵就是因为公司账目和发票对不上，被税务局警告了几次。后来他学聪明了，规定所有收入和发票必须当天入账，所有开销必须有凭有据。结果报税时，数据再也没出现差错。

会计账目和税务申报得对齐，尤其是发票和收入、成本和支出必须一一对应。财务团队要定期核对，发现问题立刻纠正，别等到报税那天再慌忙对账。

二、按时申报，别拖拖拉拉

很多老板觉得，税务申报可以拖一拖，只要不被税务局查到，晚点交没啥问题。但其实，申报晚了，不仅可能被罚款，还容易让公司陷入财务危机。会计部门得和税务申报保持同步，不能等发票、数据出问题了再补救。

老王的公司以前每次申报总是拖延，等资金周转过来再交税。结果，税务局查出来了，几次罚款加起来都赶得上一个季度的利润了。现在他定下规矩，财务必须提前准备好税务申报，资金也得提前安排，确保申报不出错。

要提前安排申报流程，定好"报税日历"，财务部门提前准备好数据和发票。按时、按规申报，避免拖延导致的不必要风险。

三、税务筹划和会计工作同步进行

很多老板以为，税务筹划是年底才需要考虑的事，到了年底才让财务部门筹划怎么减税。其实，税务筹划应该和会计日常工作同步进行，只有这样才能从源头上减少税负。

老李的公司以前每到年底才急忙忙地找税务顾问做筹划，平时做账随意，结果等到年底发现错过了不少税收优惠。现在，他和顾问每个季度就开始做税务筹划，提前规划成本、开支和税务，减轻了不少税负。

税务筹划不能等到年底才做，要和会计日常工作结合。每个季度就开始规划，确保企业能最大化享受税收优惠，减少年终的税务压力。

四、财务团队和税务顾问要密切沟通

中小企业老板最容易犯的错误就是甩手不管，把财务扔给会计，税务问题推给税务顾问，自己不参与。结果，会计和顾问互相不了解工作，数据、规划也各自为政，导致问题层出不穷。老板必须让财务团队和税务顾问保持密切沟通，确保所有工作协同一致。

> 老赵以前就是甩手不管，结果公司的会计和税务顾问总是出现沟通不畅，税务筹划和做账数据时常对不上。现在，老赵定期召开财务会议，让顾问和会计一起讨论公司的税务问题，及时调整规划，效果好多了。

老板要安排财务团队和税务顾问定期沟通，确保他们的工作同步推进。会计做好账，顾问提供筹划意见，两者配合，才能让税务合规更加顺畅。

五、数据透明化，及时发现问题

最怕的就是会计和税务之间的信息不透明，问题堆积到最后一刻才爆发。企业要定期进行内部审查，及时发现和修正会计与税务上的偏差。等到税务局来查时，一切都已经按规执行，合规经营不成问题。

> 小刘的公司就因为账目长期不透明，报税时总是出问题，后来引入了智能财务系统，所有数据实时更新，避免了人工对账的误差。

要采用数据透明化的方式，让财务和税务的信息互通。引入智能财务工具，确保所有数据同步、准确，减少人工操作的风险。

第五章 《会计法》改动对税务合规的影响

▶ 财税小贴士

会计和税务合规得手拉手，才能让咱们少点麻烦。财务数据得对接好，申报不能拖，提前做好税务筹划，团队之间得互相配合，数据也得透明化。这些都是确保税务和会计能"无缝连接"的关键点。别小看这些细节，做好了，咱们的企业就能稳稳当当地往前走，少走弯路。

🎓 老洪案例汇

恒大财务造假案与普华永道受罚：企业老板的警醒与思考

2024年9月13日，普华永道因恒大地产财务造假案而遭受重罚，这一事件在金融界掀起了轩然大波。我们不禁要问：为何会发生这样的财务造假？这件事给我们企业老板带来了哪些警醒和思考？

首先，让我们回顾一下这起事件的始末。恒大地产曾经是房地产行业的佼佼者，如今却陷入了财务造假的泥淖，试图通过虚构收入、虚增资产等手段，掩盖巨额债务。2019年，恒大虚增收入竟高达2139.89亿元，占当期营收的一半以上；到了2020年，这一数字更是飙升到3501.57亿元，占当期营收接近八成！

其财务报表的失真程度令人咋舌。而普华永道作为知名的会计师事务所，在审计过程中未能发现这些问题，出具了虚假审计报告，因此遭受了顶格处罚：被没收违法所得并处以1.16亿元的罚款，同时被警告、暂停业务6个月，其广州分所更是被直接撤销。

这一事件引发了我们对恒大财务造假的深思。我们不禁要问：恒大为何会走上这条不归路？是利益驱使，还是内部管理的缺失？无论如何，这都给咱们老板们敲响了警钟。我们必须认识到，财务造假不仅损害投资者利益，更破坏市场公平与正义。作为企业家，我们应该坚守诚信底线，远离财务造假。

那么，这起事件又给咱们的老板带来了哪些警醒和思考呢？借此，我谈谈我的三点感悟（如图5-4所示）：

要加强内部管理

企业合规

要重视税务合规　　　　　　　　要树立正确的经营理念

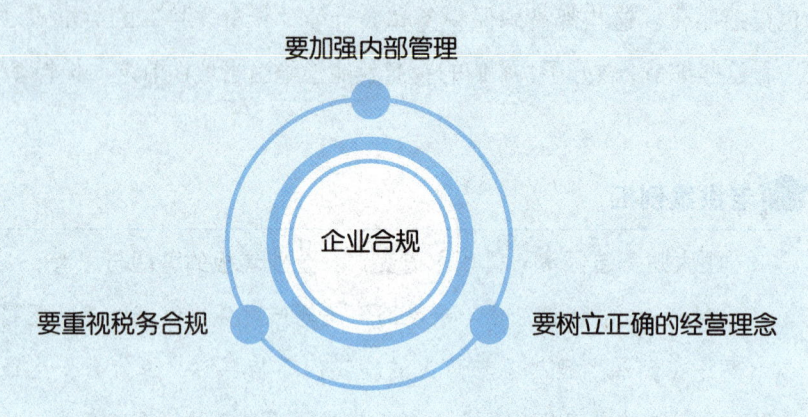

图5-4　实际案例引发的企业合规三点感悟

第一，我们要加强内部管理，建立有效的监督机制。只有确保经营活动的真实性和透明度，才能防范财务造假的风险。我们应该建立完善的内部控制体系，明确职责权限，加强内部审计和监察力度。

第二，我们要重视税务合规问题。税务风险是企业经营中不可忽视的一环。虚增收入、虚列成本等行为都可能涉及虚开发票等违法行为，给企业带来巨大的税务风险。因此，我们要加强税务知识的学习，确保企业的税务合规。

第三，我们要树立正确的经营理念。追求经济效益的同时，不能忽视企业的社会责任和道德底线。我们应该坚持合规经营、诚信为本的原则，树立良好的企业形象和口碑。

总之，恒大财务造假案与普华永道受罚事件给我们带来了深刻的警醒和思考，作为企业家，我们应该时刻保持警惕，加强内部管理，重视税务合规问题,树立正确的经营理念。只有这样,我们才能在激烈的市场竞争中立于不败之地,为企业的可持续发展奠定坚实的基础。

第三节
新《会计法》下的税务报告

老李是做建材生意的，最近总听说新《会计法》对企业的税务报告要求更严格。他一直觉得报税就是财务的事，没啥可担心的。结果这次，他公司的税务报告出了问题，税务局要求重新提交，而且还得补缴一笔税款。这让老李意识到，不能再靠老办法处理账务，得赶紧学会在新《会计法》下如何正确做税务报告。

他找了个税务顾问帮忙，才发现新《会计法》对财务报表、税务申报和账目处理都有新的要求，报错一步都可能影响公司的正常运营。经过调整，老李不仅化解了税务危机，还让公司的账务管理更规范，报税时省心不少。

新《会计法》实施后，企业在做税务报告时，要求更严格，报错一项都可能导致被税务局盯上。中小企业老板们需要特别留意新法中的关键变化，确保税务报告与会计账目同步，避免数据对不上造成不必要的罚款和麻烦。以下是新《会计法》下税务报告的几条实操指南，帮你避开雷区，稳步前行（如图5-5所示）。

1	2	3	4	5
财务报表和税务申报必须对应	合规处理发票，及时开具避免错报	税务报告要及时，拖延可能引发罚款	财务软件要跟上，避免手工报错	定期内部审查，提前发现问题

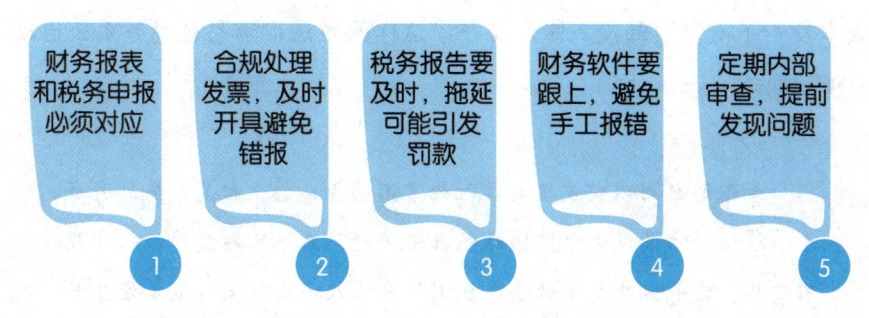

图 5-5　新《会计法》下税务报告的五个实操技巧

一、财务报表和税务申报必须对应

首先最重要的一点：财务报表和税务申报必须完全对得上。在新《会计法》下，企业的会计账目、发票和税务申报数据必须一一对应，不能出现账面收入和税务申报不符的情况。比如，收入到账了但没开发票，成本支出没及时入账，这都会导致数据不一致，被税务局发现后容易引发罚款或税务稽查。

老李以前公司账面总是收入和发票不匹配，到了报税时，税务局发现他的收入和纳税申报不一致，要求补税。自从他把发票和账目整理清楚后，再也没有出现过类似问题。

建议各位老板报税前，务必要核对所有账目，确保每笔收入和支出都已经完整入账，并且对应的发票、银行流水也都到位。财务报表和税务申报数据必须一致。

二、合规处理发票，及时开具避免错报

新《会计法》下，对发票的管理更加严格，尤其是发票与收入、成本的匹配问题。过去一些企业喜欢"拖延开票"，收入到账了，发票晚开；

成本发生了，发票却没入账。现在，这样的做法很容易被税务系统自动发现问题。

老张的公司以前发票和收入经常不同步，总是把发票拖到月底才一起开，结果税务申报的时候出了问题，系统比对发现收入申报不完整。后来他改变了做法，规定所有收入当天开票，成本发生时也及时处理发票，数据再也没有出过错。

建议所有收入和支出都要及时开具发票，别拖延。发票和实际收入、支出必须同步，避免报税时数据对不上引发麻烦。

三、税务报告要及时，拖延可能引发罚款

很多中小企业都有资金周转压力，报税时喜欢拖延，等资金到位了再缴税。但新《会计法》明确要求，税务报告必须按时提交，不能拖延。拖延不仅可能被罚款，还可能被税务局认为公司存在财务风险，增加稽查的概率。

老赵的公司以前总是拖着报税，等有了资金再交税，结果因为拖延被罚了几次大额款项。现在他提前规划好资金，财务部门也提前准备好报表，确保每次报税都准时提交，再也没有因为拖延被罚过。

建议千万不要拖延报税！提前规划好税款，定好申报日历，确保按时提交税务报告，避免不必要的罚款。

四、财务软件要跟上，避免手工报错

新《会计法》下，数据的准确性要求更高，手工报错的成本也随之增加。很多中小企业依然依赖手工做账、手工报税，结果容易出现数据

错误，导致税务申报不准确。现在很多企业已经开始使用智能财务软件，自动对接银行流水、发票和报税数据，减少了人为错误的风险。

老李的公司以前手工做账时，常常漏掉一些支出或者收入，等到报税时再补救，已经为时晚矣。后来他引入了财务管理软件，自动对接收入和支出，系统直接生成报表，节省了大量时间和精力。

建议引入智能财务软件，减少手工报税的错误。软件可以自动同步数据、生成报表，确保财务数据和税务申报的准确性。

五、定期内部审查，提前发现问题

新《会计法》要求企业建立更健全的内部审查机制，定期自查财务报表和税务申报，提前发现问题，避免等到税务局上门才手忙脚乱。每个季度定期审查税务数据，确保所有报表合规，能及时调整账务，减少后续风险。

老赵的公司每季度都会进行一次内部审查，审计团队专门检查发票、收入、成本核算和报税记录，发现问题立刻修正。通过这种方法，老赵避免了很多潜在的税务风险，公司管理也变得更加有序。

建议建立定期的内部审计机制，每季度审查公司的财务报表和税务申报，及时发现和修正问题，确保公司在合规的轨道上运行。

▶ 财税小贴士

新《会计法》出来了，税务报告的要求也变得更严了。老板们得确保财务报表和税务申报要完全对得上，发票要及时处理，税务报告也得按时交上去，还得用上财务软件，别让手工错误给咱们添乱。公司的定期内部审查也不能少。

各位，赶紧跟上新法规的步伐吧，确保税务报告合规，别让自己因为罚款和麻烦事烦心，让咱们的企业在新的法律环境下稳稳当当地往前走！

老洪案例汇

建筑公司虚开发票风险化解

有一位建筑行业的老板，把公司的账务交给我们来管。我发现这家公司的应付账款的数字非常大，而且大部分钱款都是现金交易的。我做财务这么多年，一眼就看出这里面可能有点儿猫腻，搞不好就是虚开发票。

我跟老板一说，他告诉我这是以前的财务公司建议他们这么干的，还说这样挺安全的。虽然我一再劝他赶紧调整账目，免得惹麻烦，但他心里还是觉得应该没事，说之前问过那家财务公司，人家也说没问题。

结果呢，我刚提醒他没几天，税务局的电话就来了，要他们配合查账。税务局的人一查一个准，发现确实有虚开发票的行为，金额高达300多万元。这下好了，不仅当年的企业所得税不能抵了，还得补交税款，并交罚款和滞纳金，加起来有110多万元。

这件事给我们的教训就是，税务合规真的很重要。做生意得老老实实遵守税法，保证账本真实、合规，别为了小利益最后吃了大亏，得不偿失。

第四节
真实案例：跨部门合作，合规效率更高

老李经营一家电子零件制造厂，生意越做越大，但公司内部的管理却跟不上。财务和业务部门经常各管各的，导致税务合规频频出问题。每次报税，财务部门总抱怨业务数据不及时，业务部门也怪财务老是卡流程，耽误了工作进度。几次被税务局警告后，老李意识到不能再让各部门各自为政，必须搞跨部门合作，提升合规效率。

他下决心做了一次大调整，让财务、业务、采购部门联动合作，信息共享，流程清晰，终于解决了公司合规上的"老大难"问题。结果，合规效率大幅提升，税务申报再没出过差错。

在中小企业中，财务、业务、采购部门如果各自为政，很容易导致税务合规上的问题。跨部门合作，信息共享，明确责任，才能提升合规效率，避免财务、税务对不上账的麻烦。老李通过跨部门的紧密合作，让合规变得更加省心。下面我来看看老李具体是怎么做的（如图5-6所示）。

01 财务、业务、采购信息同步，减少误差

02 定期对账，实时解决问题

03 建立跨部门工作流程，简化操作

04 设立快速响应机制，解决突发问题

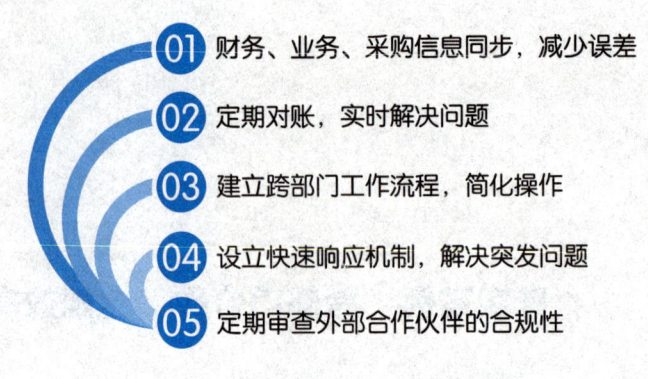

05 定期审查外部合作伙伴的合规性

图 5-6　实践中跨部门合作的五个具体措施

一、财务、业务、采购信息同步，减少误差

问题的根源在于数据不一致。业务部门负责下单和发货，但发票不及时开，采购部门的进货数据与发票对不上，财务部门在做账和报税时发现账目不齐，导致合规出现问题。老李决定先解决数据同步的问题。

他在公司内部引入了一个数据共享平台，确保业务、采购和财务之间的信息实时更新。业务部门一发货就录入数据，采购部门拿到发票马上上传，财务部门随时可以查看和对账。通过这个平台，公司的发票、收入和成本完全同步，财务报账效率大大提高。

方法萃取：建立一个跨部门的数据共享平台，实时同步业务、采购和财务信息。这样可以减少人工传递数据带来的错误，确保各部门的数据在系统中能对上。

二、定期对账，实时解决问题

老李还发现，公司过去总是在月底结算时才发现问题，导致大家都忙于"补漏"，影响了整体工作进度。于是，他决定每周进行一次定期对账，由各部门负责人汇总本周的数据，发现问题立刻解决，不再拖到月底。

通过这种定期对账机制，各部门在日常工作中就能及时调整错误，再也不需要等到最后一刻再慌乱补救。报税时，所有数据已经对齐，工作进度也不受影响。

方法萃取：定期召开跨部门对账会议，每周汇总一次数据，确保业务、采购和财务数据始终保持一致。遇到问题当场解决，避免月底突击修改。

三、建立跨部门工作流程，简化操作

为了避免业务、采购和财务在日常工作中互相推诿，老李决定重新设计公司内部的工作流程。他把原本复杂、分散的流程重新规划，确保各部门的工作衔接更加顺畅。比如，业务部门发货后，系统自动生成发票提醒，采购部门确认收货后，发票直接推送给财务核对，整个流程自动化运作，减少了人为干预。

通过简化流程，各部门的工作协调性大大提升，操作流程简化后，合规效率也得到了显著提高。

方法萃取：重新规划公司内部的工作流程，确保各个环节衔接紧密。通过自动化系统，减少手动传递数据，提升整体的工作效率。

四、设立快速响应机制，解决突发问题

老李还设置了一个快速响应机制，一旦发现任何业务、采购或财务环节出现异常，各部门必须第一时间响应和解决。比如，发现发票信息有问题，采购部门需要立刻跟进调整；如果业务部门的订单和发票数据不一致，财务团队马上通知对方修改。这样的快速反应机制，避免了问题积累，也减少了报税时的麻烦。

以前公司出现问题时，大家都抱着能拖就拖的心态，结果积累到最后处理起来很棘手。现在，任何问题必须立刻解决，公司整体的合规性也提高了不少。

方法萃取：建立一个跨部门的快速响应机制，一旦发现数据不一致，相关部门立即跟进处理，减少问题堆积。

五、定期审查外部合作伙伴的合规性

老李还意识到，公司的采购部门有时会和一些供应商合作，而这些供应商的发票和数据管理不够规范，给公司的合规带来了潜在风险。为了解决这个问题，老李决定定期审查所有外部合作伙伴的税务和财务合规性，确保他们的发票、合同和财务记录清晰透明。

通过这个举措，老李的公司避免了因为合作伙伴不合规而影响自身合规的情况，确保了公司的整体财务状况稳定。

方法萃取：定期审查合作伙伴的合规情况，尤其是供应商的发票和税务记录，确保他们提供的文件和数据符合合规要求，避免连带风险。

📌 财税小贴士

老李的公司通过跨部门合作，把税务合规的效率提上去了。他们信息同步、定期对账、简化流程、快速响应和审查合作伙伴，这样一来，公司的税务报表就准确多了，运营效率也跟着提高了不少。跨部门协作不仅让合规的负担轻了，公司的整体管理也更加高效。

第六章

业财税法一体化，让合规更简单

第一节
业财税法同步起来才高效

小王是一家中小企业的运营经理，最近他明显感到工作压力陡增。原来，公司因为税务合规问题接连被罚，导致财务部门疲于应付。而业务部门呢，忙着赶订单，合同签了发票却拖着不处理，等到财务部门催他们时，才想起要补办手续。法律部门更是一头雾水，合同条款经常出现问题，等到事情闹大才来收尾。

小王清楚，问题不在某一个部门，而是整个公司各部门之间缺乏协调和合作。业务、财务、税务、法律各自为政，导致合规工作一团糟。为了不再陷入这种困局，小王决定从跨部门合作入手，打破部门壁垒，提升公司的合规效率。

每个老板都希望自己的公司运转顺畅，尤其是在合规这件事上，谁都不想踩雷。但现实是，很多中小企业往往因为部门之间沟通不畅，合规工作做得磕磕绊绊。财务忙着做账，业务急着完成订单，税务和法律却总是跟在后面"擦屁股"。这就像是四个人在玩接力赛，但每个人的速度和方向都不一致，结果跑不快，还容易出问题。

这就引出了一个关键点：如果能把业务、财务、税务和法律部门紧密结合起来，合规的事就没那么难了。跨部门的协作，不仅能让合规更顺畅，也能避免那些常见的麻烦（如图 6-1 所示）。

01 业务和财务要同步做计划

02 税务申报提前做，财务和税务紧密配合

03 法律部门提前介入，规避合同风险

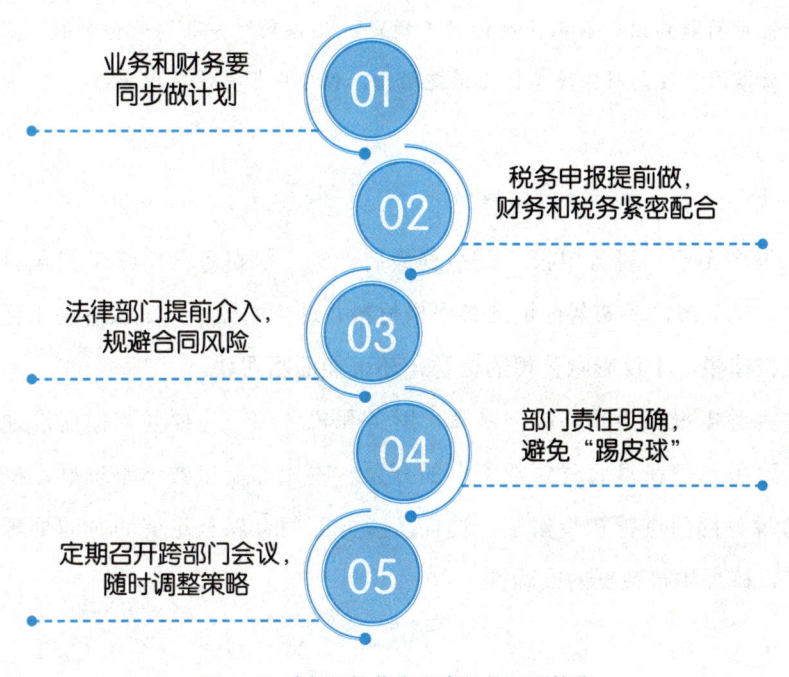

04 部门责任明确，避免"踢皮球"

05 定期召开跨部门会议，随时调整策略

图 6-1　跨部门协作实现合规的五项策略

一、业务和财务要同步做计划

在很多公司里，业务部门和财务部门各自为政。业务只关心如何完成订单，财务则忙着对账和核算成本，结果经常出现数据不对、账目不清的情况。这就好像两个人打篮球，一个人负责传球，另一个人负责投篮，但两个人从不交流，传球和投篮不在一个节奏上，怎么能成功呢？

老板要让业务和财务要同步做计划，尤其是在每个月初，业务部门要和财务部门一起制定销售目标和预算计划。业务完成订单后，必须及时把发票和收款情况同步给财务，财务也要根据业务进展来调整资金安排。这样，财务能掌握实时数据，报账、对账都更加准确。

某制造企业以前经常出现业务数据和财务对不上，销售部门签了大单，但财务迟迟拿不到发票，无法准确核算收入，导致月底报税时问题频出。后来，他们定下规定，业务和财务每周开会对账，数据同步后，财务的工作变得更顺畅，税务申报也没再出问题。

二、税务申报提前做，财务和税务紧密配合

很多企业的税务申报总是拖到最后一刻，等财务部门终于把账目算清楚，税务部门才匆匆忙忙准备申报材料。这样的操作方式很容易出错，一旦报错税，不仅影响公司的信誉，还可能面临罚款。

税务申报不该是临时抱佛脚，财务和税务部门需要建立提前沟通机制。财务部门在月底就要把所有的开票、收入和支出数据整理好，提前交给税务部门进行初步审核。这样，税务部门可以有足够的时间处理和检查，确保申报数据的准确性。

一家服务公司在过去常常因为申报数据和实际收入对不上而被罚款。财务部门总是忙到最后一刻，税务部门则急于提交申报材料，问题一拖再拖。现在，他们规定每个月15号之前，财务必须完成所有账目核对，税务部门提前处理报税工作，结果再也没出过错。

三、法律部门提前介入，规避合同风险

很多企业在签订合同时，总是先着急把业务搞定，等到出了问题才让法律部门来补救。这种做法就像开车时已经冲进坑里了，才想起来踩刹车，已经晚了。合同条款不清楚、发票不合规，都会让后续的财务和税务工作变得非常复杂。

法律部门要在合同签订前就参与进来，提前审核合同条款，确保所

有的交易条件都符合公司的标准。这样不仅能规避法律风险，还能让财务和税务部门处理起来更加顺利，避免后续的麻烦。

某IT公司因为合同问题，导致税务处理复杂，几乎每个季度都会收到税务局的通知。后来，他们让法律部门提前介入审核合同，把所有的交易条款和税务细节处理清楚。自从法律提前审核合同后，税务处理简单了，税务申报也变得轻松多了。

四、部门责任明确，避免"踢皮球"

很多企业的问题在于，出了事之后部门之间互相推卸责任。业务部门认为合同和发票不是他们的事，财务部门觉得税务报错是业务的锅，法律部门也不愿意为之前没看到的合同负责。这样一来，事情拖着拖着，问题只会越来越多。

作为老板，要明确每个部门的责任。业务负责签订合同和开票，财务负责核对账目和处理资金，税务部门负责申报，法律部门负责审核条款。每个部门都要对自己的环节负责，出了问题马上解决，避免踢皮球。

某物流公司以前就因为部门责任不明确，导致报税时总是出问题。业务部门的发票迟迟交不来，财务部门拿不到准确数据，最后税务申报时数据对不上。后来，他们建立了责任追溯机制，每个环节出了问题都能直接找到负责人，问题在初期就被解决。

五、定期召开跨部门会议，随时调整策略

合规工作不可能一成不变，市场环境、政策变化、业务增长都会影响企业的财务和税务工作。如果各部门之间没有足够的沟通，信息滞后

很容易造成合规风险。为了避免这种情况，必须定期召开跨部门会议，确保大家在同一节奏上。

要每月定期召开跨部门会议，业务、财务、税务、法律部门的负责人共同讨论公司的财务状况、税务问题以及法律合规。通过这些会议，各部门可以共享信息，提前发现问题，及时调整应对策略。

一家快速消费品公司因为市场扩展迅速，业务量大增，但税务和财务管理跟不上，差点被罚款。后来他们每月固定召开跨部门会议，分享业务增长数据，法律部门同步最新政策解读，财务和税务部门根据变化调整计划，公司合规性大大提高。

▶财税小贴士

跨部门合作这事儿，听起来好像挺高大上的，其实做起来也没那么难。让业务、财务、税务和法律这些部门紧密配合，数据同步更新，责任分得明明白白，合同提前审核，再定期开个会沟通一下，合规的工作就能轻松不少。推动跨部门的协作机制要趁早，让你的企业稳稳当当地在法规的庇护下越走越远。

第二节
跨部门合作，合规更轻松

老赵是经营一家制造厂的老板，平日里管业务得心应手，但一到合规和报税的事上就犯怵。一个税务局的电话让他更加焦头烂额："你们的发票和收入对不上，报税有问题，请尽快补交税款。"老赵急忙找财务部问个究竟，财务却说业务部门的发票提交太晚，数据没法核对。而业务部门则抱怨财务老是拖后腿，等他们准备好了报表，项目进度早就被耽误了。

事情越拖越乱，老赵这才意识到，公司的合规问题根本不是一个部门的责任，而是各个部门之间的协调出了问题。业务、财务、税务和法律各自为政，没人愿意负责，结果事情都堆到一起，最后出了大问题。

合规工作要想顺利进行，不能光靠一个部门单打独斗。业务、财务、税务和法律部门必须紧密配合，才能确保企业合规高效进行。下面我们一起来看看如何通过跨部门合作，让合规不再是老板的心头大患（如图6-2所示）。

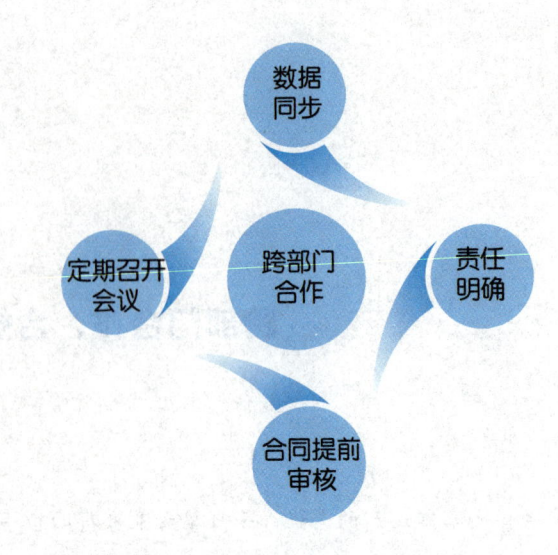

图 6-2 跨部门合作解决合规问题的四种措施

一、数据同步：各部门共享信息，减少出错

很多企业的合规问题出在数据不同步。业务部门完成了交易，但合同、发票迟迟没交给财务，导致财务没法核算收入和支出。税务部门一旦在申报时发现数据不对，问题就来了。而且这种跨部门的数据滞后不仅影响报税，还会拖慢整体工作进度。

需要建立一个统一的共享平台，让业务、财务、税务等部门可以实时共享数据。每次业务部门完成一笔交易，系统会自动生成发票提醒，财务可以及时跟进，核算收支，税务部门也能提前看到所有的交易数据，确保申报时没有差错。这样，所有数据透明、同步，各部门都能及时调整工作进度。

一家科技公司过去经常出现业务和财务对不上账的问题。业务部门完成项目后，发票总是拖延给财务，导致每次报税都忙得焦头烂额。后来，公司引入了一套管理系统，业务一旦完成交易，财务和税务部门立刻能看到实时数据，整个流程顺畅了很多，税务合规也变得轻松。

二、责任明确：让每个部门都知道自己负责什么

很多公司内部问题出在责任不清，出了问题后，大家都在互相推诿。业务部门觉得发票是财务的事，财务则认为业务应该提前告知合同情况，法律部门更是觉得自己只是审核合同的，不负责其他环节。结果问题积压得越来越多，没人愿意承担责任。

要明确每个部门的职责分工，确保各个环节都有具体负责人。例如，业务部门必须确保及时提交合同和发票，财务部门要对账目和支出负责，税务部门负责报税的准确性，法律部门则确保合同的合规性。出了问题，必须由相关责任部门立刻处理，避免出现"踢皮球"的情况。

一家物流公司曾因为部门之间责任推诿，合同迟迟没有提交给法律审核，发票也没有按时开具，结果导致项目延期、税务申报混乱。后来，公司设立了明确的责任制，业务负责发票和合同的及时性，法律提前介入审核，财务和税务全程跟进，不再出现相互推诿的情况。

三、合同提前审核：法律和业务紧密合作，规避风险

很多企业在签订合同时，常常忽略法律审核的重要性。业务部门为了赶时间，把合同草草签了事，等出问题了再让法律部门处理，已经为时晚矣。合同条款不清、发票开具不合规都会让后续的财务、税务工作变得复杂而棘手。

法律部门在合同签订前必须提前介入，确保所有条款合法合规，尤

其是涉及付款方式、发票开具和税务问题的条款。提前做好这些工作，不仅能规避潜在的法律风险，还能让财务和税务处理起来更加轻松，后续的工作也更加顺畅。

一家工程公司因为合同条款没事先审核，付款方式出问题，导致发票无法及时开具，税务报表混乱，最后公司被罚了一大笔。现在他们规定，所有合同必须先经过法律审核，确保条款清晰合理，业务部门才能执行。这样一来，不仅规避了法律风险，财务和税务部门的工作也顺利多了。

四、定期召开会议：各部门及时沟通，提前解决麻烦

合规工作不能等问题出现了再来解决。各部门如果没有足够的沟通，问题容易积压到最后一刻才爆发。定期召开跨部门会议，能够帮助公司提前发现潜在问题，及时处理，减少后期的麻烦。

每月或每周召开一次跨部门的会议，业务、财务、税务和法律部门共同讨论公司的财务状况、税务申报情况以及合同合规问题。通过这些会议，各部门可以共享信息，提出遇到的问题，并提前制定解决方案，确保整个公司的合规工作顺利推进。

一家服装企业过去因为部门间信息不对称，合规工作总是拖到最后，税务报表和合同审核出现问题。现在，他们每周固定召开跨部门会议，业务汇报最新订单，财务更新收支情况，法律审核最新的合同变动，税务部门同步申报进展。通过定期的沟通，问题都能在早期就解决，避免了后续的不必要麻烦。

▶**财税小贴士**

　　跨部门合作，听起来可能有点麻烦，但它真的能让咱们的合规工作效率高很多，日常运营也会更顺畅。只要做到数据共享、责任明确、合同提前审核，再加上定期沟通，各部门就能更好地一起工作，轻松应对合规上的挑战。

第三节
多部门一体化的具体步骤

老李是一家小型制造企业的老板,生意还不错,但每次遇到财务、税务、业务这些事情总是感觉头大。财务部门在一边忙着做账,业务部门在另一边拼命签单,而税务部门呢,一到报税的时候就出问题,报表和数据老是对不上。老李抱怨:"这公司怎么感觉像一盘散沙,各部门不配合,总是出错。"

听了朋友的建议,老李决定试试"一体化管理",把财务、税务、业务和法律这几个部门都拧成一股绳,协同作战。可是,问题来了:一体化到底怎么搞?具体怎么实施?

别担心,这一节就教你如何一步步搞定企业的一体化管理,让合规、运营更加顺畅(如图6-3所示)。

01 把数据统一,先从系统入手
02 责任分工明确,谁的工作谁负责
03 定期开会,随时发现问题
04 提前做好税务筹划

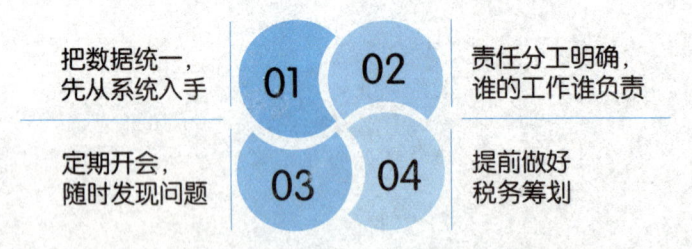

图6-3 一体化管理的具体步骤

一、把数据统一，先从系统入手

每次公司出问题，多半是因为数据不同步。业务接单了，财务还不知道；合同签了，税务报表对不上。部门之间的信息不流通，就好像各自守着自家的小院，谁也不管谁，结果就是数据对不上，工作也没法顺利进行。

具体来说，要先从系统入手，把业务、财务、税务这三大块的工作数据统一起来。引入一个信息管理系统，让各部门的关键数据在同一个平台上共享。比如，业务部门签完合同，系统里马上能看到这笔收入，财务部门就能实时核算，税务部门也能同步看到报表，大家都在同一个页面上工作，信息不再滞后。

> 某家生产企业过去每次报税都"抓瞎"，因为财务部门的收入数据跟业务的发票不对应，结果数据乱七八糟。后来，他们引入了一体化管理系统，业务部门签完单子，财务和税务马上就能看到所有的收入和开销数据，一下子就清晰了，报税再也没出过问题。

二、责任分工明确，谁的工作谁负责

一体化并不意味着每个人都管所有的事儿，而是让每个人管好自己的部分。业务、财务、税务、法律各有各的职责，出问题的时候不要互相推诿。过去，总是业务说财务慢，财务说业务乱，税务申报时出了问题，大家互相指责，没人主动担责。

明确每个部门的责任，谁该管什么必须说清楚。业务部门负责签合同和开票，财务负责核账，税务负责按时申报，法律部门提前审核合同条款。出了问题，找负责这个环节的部门处理，大家各司其职，才能真正做到合作高效。

一家建材公司以前各部门互相"甩锅",合同条款不清,导致项目款迟迟到不了位。后来他们明确了责任分工,业务负责订单跟进,财务紧盯合同条款,税务严格把关,出了问题迅速定位责任人。整个流程不再混乱,工作也快了不少。

三、定期开会,随时发现问题

　　光靠分工不行,还得保证大家能经常沟通。有时候,业务部门遇到问题,财务部门根本不知道;税务这边有了新政策,业务部门却没跟进。各部门各自为政,问题积压到最后爆发出来,解决起来麻烦又费劲。

　　定期召开跨部门会议,别嫌麻烦,这是真正能把问题提前解决掉的办法。每周一次,业务、财务、税务、法律部门负责人都要参与,大家把最近的问题拿到桌面上来讨论,有什么需要调整的,赶紧处理掉。通过这种沟通,很多小问题能提前解决,避免最后酿成大问题。

　　一家服装公司通过每周定期的跨部门会议,把业务订单、财务核对、税务申报等信息对齐。财务部门发现合同里有不合理的地方,马上和业务部门沟通解决,避免了之后因为合同漏洞导致的纠纷和罚款。

四、提前做好税务筹划

　　税务问题是很多企业的痛点,到了报税的时候,才发现各种数据不对口,合同和发票也不规范。其实,税务本来是可以提前筹划的,不要等到最后一刻才慌忙解决。提前做好税务筹划,税务部门和财务、业务、法律通力合作,能大大减少合规风险。

　　每年初,税务部门要和财务、业务一起做一次税务筹划。看看公司有哪些优惠政策能享受，合同签订时有什么税务细节需要注意，财务上怎么安排能更高效。这样一来，等到报税的时候，数据都是提前规划好的，不会手忙脚乱。

某科技公司通过提前一年规划税务，发现可以利用研发费用加计扣除政策，合理合法地节省了一大笔税款。税务部门和财务、业务紧密配合，确保每一笔费用都能按政策申报，合规又节税，轻松搞定。

▶ 财税小贴士

说到一体化管理，可能听起来挺复杂的，但其实只要抓住几个关键点，这事儿就简单多了。数据得统一、责任要分清楚、定期沟通不能少、提前做好筹划工作，这四步走稳了，公司内部的协调问题就能迎刃而解。把业务、财务、税务和法律这些部门都绑在一起，工作效率自然就提上去了。

🎓 老洪案例汇

业财税法一体化助力电子企业腾飞

在电子行业中，智电科技一直是领军企业，专注于智能家居设备的研发与销售。然而，随着市场竞争的加剧和法规的不断变化，企业也暴露出一些问题。业务部门、财务部门、税务部门与法律部门之间沟通不畅，导致信息孤岛现象严重。有时，业务部门为了快速推出新产品，忽视了税务和法律的风险；而财务部门则因为数据不准确，难以提供有效的决策支持。为了打破这一局面，李总毅然决定启动业财税法一体化改革。

故事从一次紧急的项目交付说起。智电科技接到一个大单，客户要求在短时间内交付一批智能家居设备。然而，在项目推进过程中，各部门之间的信息不同步导致了一系列问题。业务部门忙于赶工，却忽视了与财务部门的沟通，导致资金流转出现问题；同时，由于税务申报不及时，企业面临 50 万元税务违规罚款的风险。李总意识到，这些问题都是由于各部门之间缺乏有效协同造成的。

李总痛定思痛，决定从业务流程开始改革。于是，引入先进的 ERP 系统，打造业财税法一体化的管理平台。

他投入了一笔不小的资金——200 万元，用于系统的购买、安装和员工培训。这一举措犹如一场及时雨，迅速在智电科技内部引发了变革。在 ERP 系统的助力下，各部门之间的信息壁垒被打破。

业务部门有了 ERP 系统的加持，不再孤军奋战。每签订一份合同，业务经理只需在系统中轻轻一点，财务、税务、法律部门便立刻收到通知，各自准备应对。而且业务部门能够实时查看财务数据和税务信息，确保项目推进过程中的资金充足且合规。

财务部门则如同智囊团，精细核算每一笔成本，确保资金流转无虞。以前，他们总是为了一张张迟来的报销单焦头烂额；如今，通过 ERP 系统，他们能实时掌握业务部门的动态，预算控制得心应手。财务部门则能够准确核算成本、控制预算，为决策提供有力支持。

税务部门也不再是孤立的存在。他们利用税务管理软件，与 ERP 系统无缝对接，实时监测税务风险。每当业务部门有新的交易，税务人员都能在第一时间进行审查，确保每一笔交易都合规，税务违规成为历史。税务部门通过税务管理软件，实时监测税务风险，确保企业税务申报的准确无误。

而法务团队，则如同守护神一般，全程参与合同审核和法律风险评估。他们不再是事后诸葛亮，而是在事前就为企业筑起一道坚实的法律屏障。有了他们的保驾护航，智电科技在商海中航行得更加稳健。

这场改革，让智电科技四大部门从各自为战到协同作战，信息孤岛变成共享绿洲。经过一段时间的改革实践，智电科技取得了显著的成效。

通过业务流程的优化和信息系统的整合，企业能够实现更高效的资源利用和客户转化。例如，该企业在实施业财税法一体化后，客户转化效率提高了20%，资源浪费减少了15%。自动化和智能化的技术应用使得业务处理更加迅速准确，减少了人工操作的时间和成本。据统计，实施一体化后，该企业的业务处理时间缩短了30%，大大提高了工作效率。

通过加强税务和法律方面的合规管理，企业能够减少在税务和法律方面的风险。数据显示，实施业财税法一体化后，该企业的税务违规事件减少了40%，法律风险降低了30%。与税务和法律部门的紧密合作，使得企业能够及时应对政策变化，避免因不了解最新法规而导致的违规行为。

通过提高运营效率和降低经营风险，企业的盈利能力得到了显著提升。该企业在实施业财税法一体化后，盈利能力提高了15%，市场份额也相应增加。一体化管理还帮助企业更好地控制成本，通过精细化的成本管理，实现了成本节约和效益最大化。

业财税法一体化提升了企业的整体运营效率和服务质量，使企业在市场竞争中占据有利地位。据统计实施一体化后，该企业的客户满意度提升了20%，新客户增长率提高了15%。

企业的声誉和品牌形象也因此得到了提升，吸引了更多的客户和合作伙伴。

  一天，智电科技接到了一笔来自欧洲的大订单，客户要求在一个月内交付5000套智能家居设备。这次，业务部门没有像以往那样手忙脚乱，而是从容不迫地通过ERP系统向财务、税务和法律部门发出了协同请求；财务部门迅速响应，通过系统实时查看业务数据，准确核算了成本，并制定了详细的预算计划；税务部门则利用税务管理软件，提前预测了潜在的税务风险，并为企业制定了合规的税务筹划方案；法务团队则对合同条款进行了逐一审查，确保了企业的合法权益。

  在各部门的紧密协作下，智电科技仅用了25天就完成了订单交付，比客户要求的时间提前了5天。这次成功的交付不仅赢得了客户的高度赞誉，还为智电科技带来了2000万元的丰厚利润。

  李总看着手中的业绩报告，脸上露出了满意的笑容。他深知，这次业财税法一体化改革不仅提高了企业的运营效率、降低了经营风险，还提升了盈利能力和市场竞争力。这场改革让智电科技焕发出了新的生机与活力，为未来的发展奠定了坚实基础。

第四节
真实案例：一体化如何助力企业合规

老刘经营了一家中型制造企业，业务逐渐扩大，订单源源不断。可是公司内部管理跟不上，经常在合规问题上栽跟头。每次到报税的时间，财务部门和业务部门的数据对不上；法律部门审核合同时总是出问题，导致税务申报和合同管理一团糟。公司因为税务问题被罚了好几次，老刘开始意识到，必须把财务、税务、业务和法律这些部门拧成一股绳，真正做到一体化管理，才能避免合规风险。

经过几个月的调整，老刘的公司通过一体化管理，终于摆脱了频频出现的合规问题，运营效率大大提升，合规也变得轻松多了。

接下来，我们就来看看老刘是如何通过一体化助力企业合规的（如图6-4所示）。

数据集成，消除各部门信息壁垒 → 明确职责，各部门各司其职 → 定期跨部门会议，及时发现和解决问题 → 提前税务筹划，合规与节税两不误

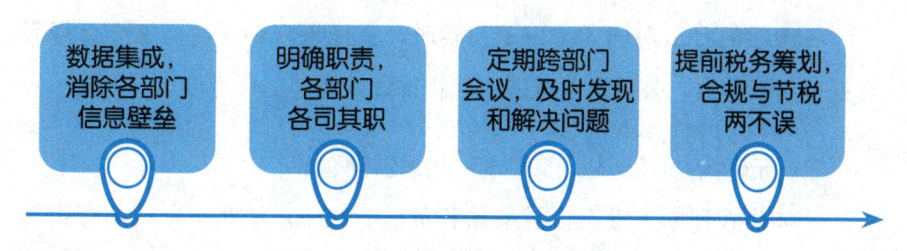

图6-4 一体化助力企业合规的实操方法

一、数据集成，消除各部门信息壁垒

老刘公司的合规问题很大一部分源于各部门之间的数据不互通。业务部门签完合同，财务部门却迟迟拿不到发票，税务部门也无从获取准确的收入和支出信息。因为数据滞后，每次到了报税的时间，财务部门总是匆忙应对，错误频出。

老刘决定引入一体化管理系统，将业务、财务、税务和法律部门的数据统一集成到一个平台上。这样，业务部门签完合同，数据就会自动同步给财务，发票和收款记录也会及时传递到税务部门。法律部门在合同签订前能及时审核合同条款，确保所有的交易符合规范。

通过数据集成，各部门的数据不再各自为政，财务和税务的工作效率大大提高，所有的收入、支出和合同信息都能及时核对，公司再也没有因为数据不一致而受到税务局的罚款。

二、明确职责，各部门各司其职

过去，老刘的公司经常出现责任不清的问题。业务部门签了合同，发票没及时开；财务部门等不来数据，报表总是对不上；税务部门申报数据有问题，大家互相推卸责任，最终谁也不愿意主动解决。

老刘通过一体化管理，明确了各个部门的职责。业务部门负责合同和发票的及时提交，财务部门负责账目的准确核对，税务部门则负责所有数据的合规申报。法律部门提前介入，负责所有合同的审核，确保合同条款符合最新的法律和税务政策。

各部门的分工明确了，出了问题时，责任人立刻解决，整个合规流程变得清晰高效，公司也不再因为互相推诿而拖延工作进度。

三、定期跨部门会议，及时发现和解决问题

一体化管理的关键不仅是数据和责任的统一，还在于定期的跨部门

沟通。老刘发现，公司虽然通过系统集成解决了部分数据不对称的问题，但还是需要人对人的沟通，才能提前发现问题。

老刘规定，每周召开一次跨部门会议，业务、财务、税务和法律部门的负责人共同讨论当前的业务进展、合同合规情况以及税务申报的准备情况。通过这些定期会议，各部门能够及时提出潜在的问题，并且可以根据实际情况调整工作流程。

通过定期的跨部门会议，老刘的公司提前发现了不少潜在的合规问题，尤其是法律和税务方面的政策更新能够及时被各部门掌握和落实，公司在运营中更加有条不紊，合规工作也顺利推进。

四、提前税务筹划，合规与节税两不误

老刘公司的税务问题以前总是临时应付，等到要报税了才发现数据不对，税务政策也没有及时跟进。结果不仅缴税压力大，错报漏报的情况也时有发生。

老刘通过一体化管理，把税务筹划提前到年初，税务部门与财务、业务、法律一起，研究税收优惠政策，结合公司实际情况进行税务筹划。这样，公司的收入和支出安排更加合理，所有的合同和发票都符合最新的税务政策要求。

提前规划不仅让公司的税务合规变得更加轻松，还通过合法的税务筹划享受了不少税收优惠，帮助公司大大减轻了税务负担。

▶财税小贴士

老刘的公司通过搞一体化管理，把以前合规工作上的那些头疼事儿都给解决了。从数据整合、明确责任分工，到定期开会讨论，再到提前做好税务筹划，每招都用得恰到好处，让公司的合规效率蹭蹭往

上涨。

要是你也想让自己公司的合规工作变得轻松点，试试一体化管理吧。打破部门之间的隔阂，统一数据和流程，你会发现，合规不再是个难题，公司运营效率也会跟着提高不少。

第七章

全方位防范税务风险

第一节
一眼看穿税务风险在何处

张老板最近日子不好过，心情更是如同过山车般起伏。几个月前，他的公司刚接下了一个大订单，足以让今年的业绩翻上一番。张老板对未来充满期待，甚至已经在考虑扩张团队、搬进更大的办公室。就在他雄心勃勃准备大干一场的时候，一封来自税务局的通知把他的计划全盘打乱。

税务局通知里要求公司补缴近两年的税款，外加一笔不小的罚款。这消息如同晴天霹雳，张老板怎么也想不通，公司平时没有偷税漏税，怎么会被税务局查到问题？带着满腹疑问，他找来财务人员仔细查账，终于发现问题的根源：原来，公司在过去的两年里做账时忽略了几个小细节，特别是发票管理和成本扣除部分没有完全合规，导致账目和实际业务不符，引来了税务局的审查。

张老板这才恍然大悟，原来税务风险一直潜伏在他的企业运作中，他之前只顾着业务扩张，却忽略了税务合规的重要性。税务风险就像一颗定时炸弹，平时可能不起眼，但一旦被触发，后果不堪设想。张老板懊悔不已，深刻意识到，哪怕是小小的疏漏，也会给企业带来巨大的财务压力和合规风险。

张老板的故事告诉我们，税务风险就在你看不见的地方，一旦出问题，就可能导致补缴税款、罚款，甚至法律责任。作为中小企业老板，可能你平时更关注如何扩大业务、增加利润，但如果忽视了税务合规，企业的发展会走得越来越艰难。那么，具体来说税务风险到底在哪里？这一节，我就用最简单的方式教你一眼看穿它们（如图7-1所示）。

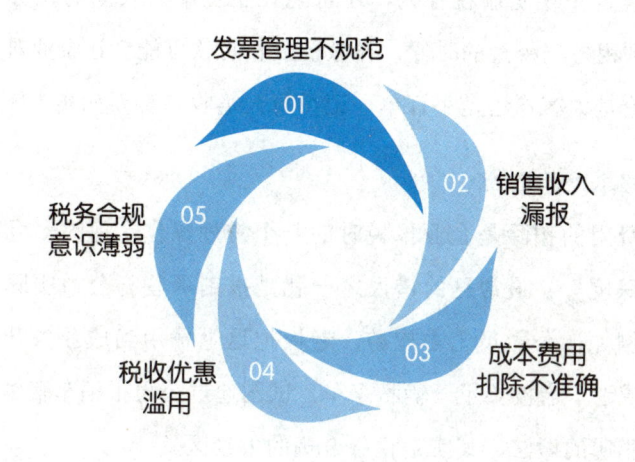

图 7-1　常见的五种税务风险

一、发票管理不规范

你可能会说："发票不就是买东西的凭证吗？能出多大问题？"但事实是，发票问题可是税务风险的"重灾区"。例如，有的老板为了省钱，随便从别的公司买发票，结果这些发票根本不合规，一旦税务局查到，这些假发票不仅不能报销，还可能面临罚款，甚至被追究法律责任。

另外，很多公司做账时，发票分类不清，餐饮娱乐发票和业务费用混在一起，导致税务局一看账目就觉得不对劲。这些看似无关的小问题，很可能给公司带来大麻烦。所以，发票管理必须做到每一张都清楚明了，合法合规。

二、销售收入漏报

很多中小企业都会遇到这种情况：客户给的是现金，老板想着不入账可以少缴税。这种做法看似聪明，实际上存在极大的税务风险。金税四期上线之后，税务局的监管越来越严，企业的资金流动和税务数据全部数字化管理。只要企业账目和银行流水对不上，税务局就有可能查到你。

漏报收入不仅是偷税行为，还可能让企业陷入长期的税务不合规风险中。等到税务局稽查的时候，补缴税款和罚款可能会让企业难以承受。所以，不论是大客户还是小订单，记得每一笔收入都要如实入账。

三、成本费用扣除不准确

成本费用的扣除是企业报税时的一个常规操作，但很多老板在这一环节上"踩坑"。最常见的错误之一就是报销那些与公司实际业务无关的费用。例如，公司员工去旅游，老板把这笔费用当成业务开支，试图扣税；又或者，老板买了一辆私家车，试图通过公司报销车辆维护费用。这些看似聪明的做法，其实是税务合规的大禁区。

税务局对什么能扣税、什么不能扣税有明确规定，如果企业报销的费用不合规，不仅会失去扣税资格，还可能被罚款。特别是在成本费用上，企业必须严格按照税法规定进行分类和扣除，不要因为一些不符合规定的支出而影响企业的整体税务健康。另外，长期闲置或与主营业务不相关的设备和物品，尽管它们曾经属于企业的成本支出，但如果继续将其作为扣税项目，也可能引起税务局的怀疑。

因此，在进行成本费用扣除时，一定要确保每一笔支出都与企业的日常运营相关，避免"擦边球"行为。最安全的方式是定期审计，确保所有的成本费用都符合扣税的法律条件。

四、税收优惠滥用

很多老板喜欢申请各种税收优惠政策，但不一定每个政策都适合自家企业。比如，有些行业特定的税收减免，只有特定的企业才能享受，但有些企业不符合条件却硬要申请，结果反而引起了税务局的注意。

税收优惠是好事，但滥用优惠政策会让企业陷入麻烦。所以，在申请之前，一定要仔细了解政策细则，确认企业是否符合条件。如果不确定，最好请教专业的税务顾问，不要轻易冒险。

五、税务合规意识薄弱

很多企业老板认为，税务问题只要不出事就不用管，但实际情况是，税务合规需要长期的关注和管理。如果平时不重视，等到问题爆发时，往往已经无法弥补。

老板们需要建立一套完整的税务管理体系，确保每一笔交易、每一项报表都符合税法要求。特别是在税法不断更新的情况下，老板们要及时跟进新规，保持合规操作。这就好比开车要定期保养车辆，只有保持车况良好，企业才能在激烈的市场竞争中稳健前行。

如果企业规模较小，老板平时事务繁忙，难以专注于税务合规，那么聘用一个专业的税务顾问是非常值得的投资。顾问不仅可以帮助企业识别潜在的税务风险，还能在企业做决策时提供合规性建议，帮助企业避免踩到"地雷"。

> ▶ **财税小贴士**
>
> 税务风险虽然看不见摸不着，但它确实无处不在。发票管理不规范、漏报收入、成本费用扣除不准确、滥用税收优惠，都是企业常见的税务问题。要想企业稳步发展，老板们必须从日常经营中抓好税务合规，

建立健全的风险防控体系，才能避免踩雷。接下来，老洪就带大家梳理梳理2024年税务稽查重点行业及企业，保证一看就懂。

1. 重点稽查七大行业

（1）医药行业：特别是医疗美容和保健用品，因其利润较高，往往成为虚开发票的高风险区，所以务必确保每一笔交易和发票的真实合法。

（2）电商行业：电商销售规模巨大，结算机制复杂，易产生偷逃税问题。电商企业应加强对税务法规的了解，确保合规经营。

（3）建筑行业：建筑行业中，居间费、劳务费和建筑材料费用的发票虚开问题频发。建筑企业应建立严格的财务管理制度，防范虚开发票风险。

（4）第三方污染防治机构：这些机构在享受政策优惠时，可能存在违规操作。务必严格按照政策规定行事，避免触碰红线。

（5）农副产品加工：自行开具收购发票抵扣进项税额、以产定收等做法可能涉及偷逃税。农副产品加工企业应如实申报纳税，确保税收合规。

（6）大宗商品销售：利用变名销售等手段避税是税务稽查的重点。大宗商品销售企业应遵循税收法规，诚信纳税。

（7）进出口贸易：进出口贸易中，违规骗取退税和免税优惠的行为时有发生。进出口企业应加强对税收政策的了解，合法享受税收优惠。

2. 重点关注两类企业

（1）"三假"企业：即假企业、假出口、假申报。这些企业通过虚构业务、伪造凭证等手段逃避税收。税务部门将严厉打击此类行为，维护税收公平。

（2）高收入人群所在企业：高收入人群，特别是网络主播等，可能存在偷逃税行为。税务部门将加强对这些人的个税稽查力度。

第二节
建立企业的税务安全网

小李是一家五金店的老板,平时忙着拉业务,税务这事儿他一直没太放在心上。可没想到,最近税务局给他打电话说公司有几笔税务申报不准确,要补缴税款,还要交一笔罚款。这下小李懵了,他平时都是把税务的事交给会计来管,怎么就出问题了呢?

其实,像小李这样忽视税务管理的中小企业老板并不少见。他们往往觉得税务是财务人员的工作,自己只要把生意做好就行了。然而,税务合规不但影响企业的正常运营,还可能成为企业发展的"隐形炸弹"。要想让企业长久发展,中小企业必须为自己建立一张牢固的税务安全网。

建立企业的税务安全网,就是要从日常的税务管理、合规流程和风险防控等方面入手。下面,我们来看看中小企业如何通过四个关键步骤,来打造自己的税务安全网,规避风险,让企业在经营中更加稳健吧(如图7-2所示)。

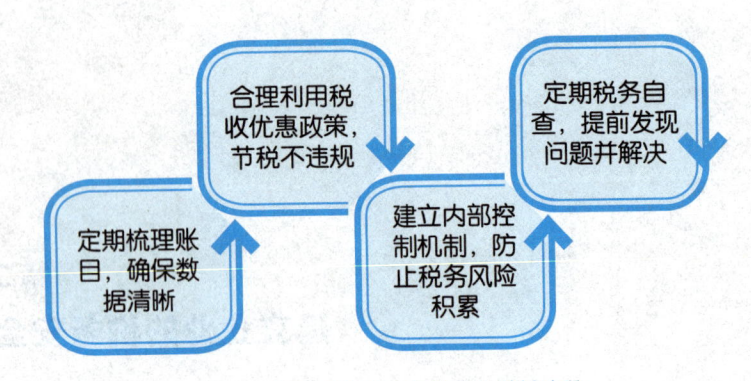

图 7-2　打造税务安全网的四个关键步骤

一、定期梳理账目，确保数据清晰

中小企业中最常见的问题，就是账目不清晰，收入和支出经常对不上。业务忙的时候，很多公司把账务管理这事儿拖后，导致日后税务申报时发现数据不准确。等到税务局来查账的时候，问题就更大了。

要每个月定期梳理账目，确保所有收入、支出、发票、银行流水都对得上。最好是每个月结束前，财务部门就要把账目整理清楚，核对所有的发票和收款记录，避免数据出错。通过定期的内部审核，确保税务数据与业务数据同步。

小李自从税务出问题之后，聘请了一位专业的财务顾问，每个月都进行账务梳理，把过去的错账、漏账都纠正过来。现在他的税务数据再也没出过问题，财务合规也变得更加顺畅。

二、合理利用税收优惠政策，节税不违规

很多中小企业对税收优惠政策并不了解，错过了很多合法的节税机会。更有一些企业为了减少税负，采取"擦边球"的方式，结果反而增

加了税务风险。其实,国家为了扶持中小企业,出台了不少税收优惠政策,只要合规利用,就能大大减轻税负。

老板们可以请专业的税务顾问或财务团队,帮助规划税务,合理利用国家的税收优惠政策。比如,针对小微企业的减免税政策、研发费用加计扣除、增值税返还等,都是中小企业合法节税的好机会。通过合理规划,可以降低税负,同时确保企业的税务合规。

一家科技创业公司通过税务顾问的帮助,成功利用了研发费用加计扣除政策,合法节省了税款。这不仅让公司减轻了税务负担,还提高了现金流,促进了业务扩展。

三、建立内部控制机制,防止税务风险积累

中小企业在日常运营中,很多时候因为没有建立起完善的内部控制机制,导致税务风险在不知不觉中积累。比如,业务部门没有及时开具发票,财务部门对支出缺乏审核,等到问题爆发时才来解决,往往为时已晚。

建议建立一个内部控制机制,确保每笔交易都经过严格的审核流程。业务部门在完成交易后,要及时开具发票并提交给财务,财务部门定期审核支出和账目,确保每一笔交易都记录在案,税务部门也能实时监控数据,提前发现潜在的税务风险。

一家餐饮企业因为业务量大,经常出现发票不及时开具的情况。后来,他们建立了内部控制机制,每笔交易都由专人负责审核,财务与业务部门及时对账,避免了因为漏开发票而引发的税务纠纷。

四、定期税务自查，提前发现问题并解决

企业税务安全网最重要的一环，就是要时刻保持警惕。不要等税务局来查账时才慌忙处理，企业应该定期进行税务自查，发现潜在问题并及时解决，防止小问题酿成大麻烦。

要定期安排税务自查，可以每季度或每半年请专业的税务顾问或内部财务团队，对企业的税务情况进行全面检查。通过对发票、合同、账目等数据的核对，发现税务漏洞或潜在问题，及时补救，避免风险积累。

本节开头提到的小李为了不再犯同样的错误，定期让财务团队进行税务自查，发现一些没有及时提交的发票问题和申报错误。通过及时纠正，这些小问题没有进一步发展成大的税务风险，确保了企业的税务安全。

▶财税小贴士

搞企业，税务这块儿可不能掉以轻心。别以为税务局是摆设，也别想着问题来了再解决。得提前做好准备，别等到税务局的人敲门才慌了手脚。

你可以这么做：

1. 定期给账本做个"大扫除"，别让混乱的数据成了隐患。
2. 那些税收优惠，能用的就用上，别浪费了政策给的好机会。
3. 内部控制要跟上，别让小漏洞变成大问题。
4. 自查财务的工作，别当形式走过场，得认真做好。

总之，税务安全网不是挂在墙上的装饰品，是真要用的时候能顶上事儿的。现在就开始动手吧，把企业搞得稳稳当当的，风险自然也就绕道走了。

老洪案例汇

惠州打掉"空壳企业",税务部门显神威

在广东的惠州,有一帮不法分子搞了个大新闻,他们弄了一堆空壳企业,想借着小规模纳税人减税的政策来虚开发票,赚黑心钱。他们本以为自己干得天衣无缝,没想到税务部门早就像雷达一样锁定了他们。

税务部门的工作人员拿出了大数据这面"照妖镜",凭借几条线索就精准定位到了这些空壳企业的窝点。然后跟公安的经侦兄弟联手,来了个一锅端。

经过一番周密的侦查和搜集证据,这个虚开发票的案子被税务部门连根拔起。主犯们全被送进了牢房,不仅被罚了款,还被判了刑,那些脏款也被一分不剩地追了回来。

这次行动可真是大快人心,显示出税务部门对这类违法行为的态度就是零容忍。他们靠着高科技和严格的执法手段,守护了咱们税收秩序的公平正义。同时也给所有企业和个体户敲响了警钟,千万别触碰税法的红线,要不然下场就会很惨。

第三节
税务稽查的应对策略

前几天，老陈刚准备签下一个大订单，却突然接到税务局的通知，说要来公司进行税务稽查。这消息让他有点慌神，平时忙着跑业务，公司的税务和财务工作交给了会计处理，他自己并不过问。现在税务稽查突然降临，老陈脑子里全是问号：这次会查什么？是不是要补缴很多税？会不会被罚款？

其实，税务稽查是很多企业都会遇到的事，只要掌握了应对策略，提前准备，做到心中有数，就能大大减轻压力，避免不必要的麻烦。税务稽查的核心在于"合规"，也就是说，只要企业账目清晰、操作合规，很多问题其实都可以提前化解。这一节我们就来聊聊，面临税务稽查时，有哪些应对策略（如图7-3所示）。

一、提前做好账目梳理，确保数据清晰

税务稽查最先看的就是企业的账目是否清楚，收入、成本、发票这些数据能否一一对上。如果企业平时账务管理混乱，收入没入账、发票不齐全，稽查时这些问题就容易被抓出来。

第七章 全方位防范税务风险

- 01 提前做好账目梳理，确保数据清晰
- 02 整理相关资料，准备好发票、合同等凭证
- 03 主动沟通，配合稽查人员的检查
- 04 自查自纠，提前修正潜在问题

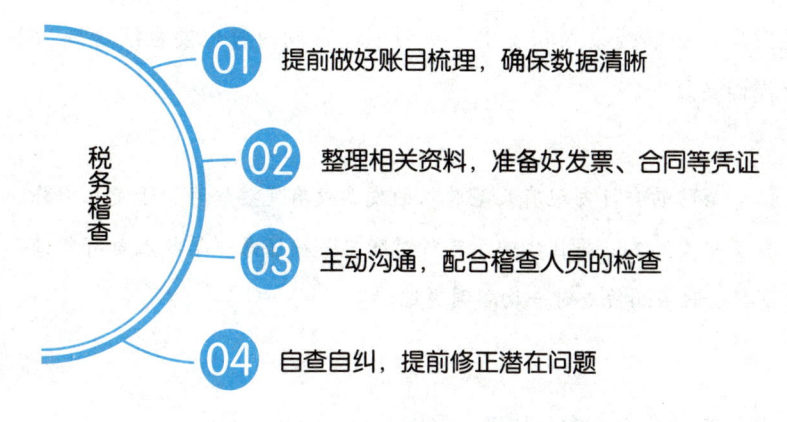

图 7-3　面临税务稽查的四项应对策略

在收到税务稽查通知后，第一时间让财务团队进行一次全面的账目梳理。核对所有收入和支出，确保发票和账目一致。对于存在差异或不明确的数据，及时查找原因并补齐材料。如果平时账务不够规范，可以请专业的税务顾问帮助审查，确保所有数据都清晰准确。

老陈在接到通知后，马上让财务部门梳理了过去一年的账目，发现有几笔业务没有及时开发票。他们立刻补齐了这些遗漏，避免了稽查时因为账目不清而受到罚款。

二、整理相关资料，准备好发票、合同等凭证

税务稽查不仅查账，还会看企业的相关凭证，比如合同、发票、银行流水等，来确认企业的收入、支出是否真实合规。如果凭证缺失或不齐全，税务局可能会认为企业有隐瞒收入或虚增支出的嫌疑。

稽查前，整理好所有相关的凭证材料，包括过去一年的发票、合同、银行对账单、税务申报表等。确保每一笔业务都有相应的凭证支撑。特

别是发票，必须跟收入和支出一一对应，合同内容也要合法合规，不能有"模糊条款"。

老陈的会计发现有几笔收入的发票没有完整保存，于是立刻补开了相关发票，并且找回了银行对账单，确保每一笔收入都有凭证支撑，税务局检查时一切顺利通过。

三、主动沟通，配合稽查人员的检查

当税务稽查人员上门时，企业的态度也很关键。有些老板一听说要稽查，心里就开始紧张，生怕出问题，结果表现得过于紧张，反而引起了不必要的注意。其实，面对稽查，坦诚配合是最好的应对策略。

税务稽查人员上门后，安排公司专门的财务人员或税务顾问与他们对接，提供他们需要的资料，并保持积极沟通。如果有不清楚的地方，主动解释，必要时提供补充材料。对于他们提出的疑问，积极回应，不隐瞒问题。

老陈的会计在稽查过程中与稽查人员保持了良好的沟通态度，及时提供所需材料，双方配合默契，整个过程非常顺利，稽查人员也减少了深入检查的时间和力度。

四、自查自纠，提前修正潜在问题

即使企业平时财务管理较为规范，也难免有一些小问题，比如发票漏开、费用入账错误等。面对这些问题，企业应该主动自查自纠，提前进行修正，避免在稽查时被查出并导致罚款。

在接到稽查通知后，马上安排内部财务自查，对过去的账目、发票

和税务申报进行详细审核。如果发现了问题，立即补救，修正错误数据。特别是那些容易被忽略的"细节问题"，如小额支出、未及时报销的费用等，及时调整，确保合规。

老陈的公司通过内部自查发现了一些小的支出入账不准确的问题，他们及时修正了这些错误，在税务稽查时没有引发更多的麻烦，避免了罚款。

▶ **财税小贴士**

税务稽查这事儿，听起来挺吓人，但真没必要慌。关键是得提前做好准备工作，资料要整理得井井有条，数据要清晰可查。稽查人员来了，咱就得积极配合，有什么问题主动改正。这沟通和准备，可是重中之重。

知道税务稽查来了怎么应对还不够，我们还要深入了解一下引发税务稽查的原因有哪些，这样才能防患于未然（如图7-4所示）。

被举报 01
虚开发票 02
纳税评估 03
专项检查 04
协助调查 05
随机检查 06

图7-4 引发税务稽查的六个常见原因

1. 被举报

可能有内部员工、竞争对手或与老板有矛盾的人进行举报。例如，某位公众人物被其朋友举报，被处以高达 3000 万元的罚款。

2. 虚开发票

这可能包括注册地与实际经营地不符且处于失联状态；开票模式异常，如一段时间内大量开票而后又长时间零申报；公司资金流动异常，尤其是公司账户与个人账户之间的频繁往来；发票流、资金流和货物流的不一致等情形。

3. 纳税评估

如果企业的税负率远低于同行业平均水平，长期零申报，或者持续亏损而不倒闭等情况，都可能触发税务系统的自动预警。

4. 专项检查

每年都会有针对不同行业的专项检查，例如 2021 年的网红行业检查和去年的医疗行业大检查。此外，房地产、建筑业、成品油销售及钢材、大宗商品交易等领域也是乱开发票行为的高发区。

5. 协助调查

当你的业务伙伴遇到问题时，你可能会被牵连进来。2024 年 3 月，我有一个客户就遇到了这种情况。该企业在 2021 年 5 月从建水县购买了一批价值 7 万元的办公桌椅，由于销售方出现问题，税务机关要求提供购货发票、付款凭证、物流单据和合同等文件以协助调查。接到协查通知并不意味着你一定有问题，当然也不意味着你肯定没问题，只有调查结束后才能明确。因此，在选择合作伙伴时必须非常谨慎。

6. 随机检查

随机检查意味着如果你被选中，就要接受检查。然而，这种选择并非完全随机，通常会基于某些评估标准和重点考量，比如那些税负率控制得特别好的企业，连续几个月都维持在相同水平，这样的账目看起来过于完美。还有个人名下拥有多处房产却未缴纳相应税费的情况，一旦开始调查就可能面临麻烦。

老洪案例汇

税务风暴来袭，您的"护身符"是关系还是证据链

假设现在收到税务局电话，要求接受税务检查？你第一时间想到的是"找关系"还是准备完整的证据链？或许你会想只要和税务局的某个人"搭上话"，一切问题就能迎刃而解？如果是，那么请你现在就放弃这种幻想！

在这个数据为王的时代，税务检查已全面进入智能化，如今，税务局具备了大数据分析、智能算法等先进技术，不仅查税效率显著提高，还能够"穿透式"地审查企业的财务状况，追踪资金流向，剖析人员关系网。

税务部门如今越来越注重数据和证据，"关系"根本不值一提，他们的工作日志和台账都要上传到系统，接受严格的监督。你以为找个"熟人"就能轻松过关？大错特错！

想象一下，如果你有一笔100万元的正常交易，却因为发票来自外地而遭到税务员的质疑。这时，你该如何自证清白？是靠"关系"吗？

不，是完整、清晰的证据链！比如，提供这笔100万元正常交易相关的购销合同、付款交易凭证、物流单据、出入库单及会计凭证等资料。这些才是你的有力证明！

现在，再让我们分析一个真实的案例：

济南市税务局第二稽查局2024年揭露了一起税务违规案例，一家企业因证据链不足而受到了税务处罚，处罚决定自2024年6月7日起

生效。

在2022年度的税务申报过程中，该公司犯下了一个严重的错误：将未能提供合法扣款凭证的工地项目加班餐费等零星支出共计15000元，错误地计入了管理费用——工资中；同时，他们还将项目施工过程中支出的材料费、日常开销等施工费用工232148元，列支到营业费用——顾问咨询费中；上述列支的费用合计247148元全部在2022年进行了企业所得税前扣除。

经查实，该公司未能提供合法有效的税前扣除凭证，违反了《企业所得税法》等相关法律规定。因此，税务部门决定对该公司的应纳税所得额进行调整，增加额达247148元，调整后的2022年应纳税所得额提升至309882.12元，并要求其补缴企业所得税6178.7元。

该公司的行为已构成偷税，但考虑到其违法行为较轻且态度配合，济南市税务局第二稽查局根据《税收征收管理法》等规定，对其作出罚款决定，罚款金额为少缴税款的50%，即3089.35元，该处罚决定自2024年6月7日起生效。

这个案例提醒我们，税务申报必须严谨、合规，不能有任何侥幸心理。企业应该确保每一笔费用都有合法的凭证支持，才能避免类似的税务风险。同时也要加强对税务法规的学习和理解，确保在申报过程由不犯类似的错误。

由此可见，作为企业负责人，我们必须树立起强烈的证据留存意识。从采购的每一笔原材料到签署的每一份销售合同，我们必须确保每一个环节都有详尽的记录和确凿的凭证。同时，建立一套科学完善的财务管理流程、确保企业的每一分资金流动都清晰可查。

当税务检查的严峻时刻到来时，一条完整无缺的证据链将成为我们的有力支撑。它不仅能够证明我们的合规经营、更能在关键时刻为企业化解风险，保驾护航。

因此，让我们应以税务部门的严格审查标准为尺，以他们的检查方法为镜，不断自我约束，自我提升。只有这样，我们才能在复杂多变的商业环境中稳步前行，为企业创造更加辉煌的明天。

第四节
真实案例：税务风险避坑实用经验分享

张老板是经营一家小型建材公司的老板，平时只顾着跑业务，税务的事全交给了会计。一次偶然的机会，张老板听朋友说，税务局最近开始重点稽查建筑行业，税务风险大大增加。没过多久，张老板的公司果然收到了税务局的通知，要求补缴一笔不小的税款。面对这个突如其来的税务问题，张老板一时不知该怎么办。

和许多中小企业老板一样，张老板之前没有足够重视公司的税务合规，结果在政策变化和稽查压力下，税务风险暴露了出来。但好在，张老板迅速采取了应对措施，成功渡过了这次危机。

让我们一起来看看他是如何应对税务风险的（如图7-5所示）。

一、及时调整账目，核查发票与收支对账

张老板接到税务通知后，第一时间联系了会计，开始全面核查公司的账目。通过检查，他发现一些业务的收入没有及时入账，发票管理也比较混乱，很多发票没有及时开具或者没有对应上收入。这些都是税务风险的隐患。

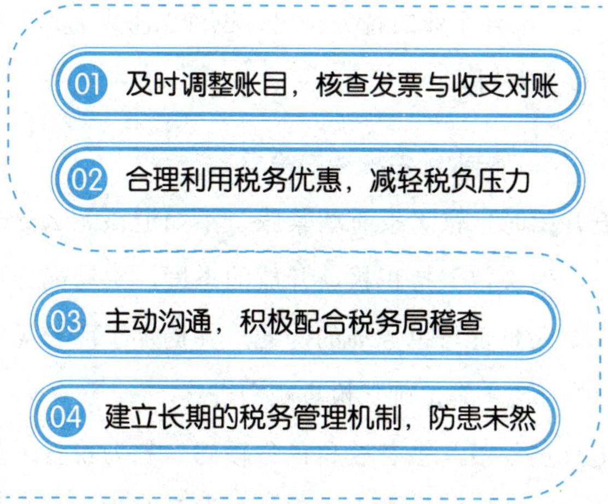

01 及时调整账目，核查发票与收支对账

02 合理利用税务优惠，减轻税负压力

03 主动沟通，积极配合税务局稽查

04 建立长期的税务管理机制，防患未然

图 7-5 实践中应对税务风险的四个方法

张老板决定立刻调整账目，确保每笔收入都有对应的发票和收款记录。他还要求会计对过去一年的账目进行梳理，找到所有漏掉的发票，及时补开发票，并确保账目和银行流水对得上。

中小企业老板平时要养成定期核对账目的习惯，确保所有收入和支出都有相应的凭证支持，尤其要注意发票的管理，避免因为发票问题而被税务局盯上。

二、合理利用税务优惠，减轻税负压力

在核查账目的过程中，张老板发现，自己公司符合不少税收优惠政策的条件，比如针对小微企业的税收减免政策、研发费用的加计扣除政策等。但由于之前没有做好税务筹划，很多优惠政策没有享受到，导致公司税负不必要地增加。

张老板请了专业的税务顾问，对公司符合条件的税收优惠政策进行全面梳理，按照政策要求进行申请和调整，成功减少了一部分税负。

老板们可以主动了解国家出台的各种税收优惠政策，合理利用这些政策，合法节税，减轻企业的税务负担；也可以考虑聘请专业税务顾问，帮助公司进行税务筹划。

三、主动沟通，积极配合税务局稽查

税务稽查开始时，张老板有些紧张，不知道该怎么处理。但在税务顾问的建议下，他决定保持积极、开放的态度，主动配合税务局的稽查工作。他安排专人负责与税务局的沟通，并提供了所有需要的资料，如发票、合同、银行流水等，确保检查顺利进行。

在税务稽查过程中，张老板和税务顾问一起为税务局提供了完整的账目和发票记录，并针对检查中出现的问题及时作出解释和补救，避免了进一步的麻烦。

遇到税务稽查时，老板们不要慌张，要主动配合，确保资料齐全，态度诚恳。积极沟通能有效降低税务局的稽查力度，避免更严重的处罚。

四、建立长期的税务管理机制，防患未然

在这次税务风波过后，张老板深刻意识到，公司的税务管理需要长期关注，不能只在问题出现时才去处理。他决定建立一套长期的税务管理机制，确保公司在未来能够更好地应对税务风险。

张老板让财务部门定期做税务自查，每季度进行一次账务核对，发现问题及时纠正。同时，他聘请了税务顾问，每年为公司做税务筹划和合规审查，提前发现潜在的税务风险。

中小企业要建立一套长期的税务管理机制，定期自查账目，发现问题早处理，避免税务风险的积累。聘请税务顾问也是一个不错的选择，可以帮助企业规避风险、合法节税。

▶ 财税小贴士

张老板最终把税务风险处理好了！他没用什么高深的招数，就是调整了一下账目，好好利用了税收优惠，还积极跟税务局沟通，并且建立了一套长期的税务管理机制。对于中小企业的老板们来说，税务合规可不仅仅是为了避免那些让人头大的罚款，它其实是为了企业能稳稳当当地发展。

只要规划得当，管理到位，企业完全能够构筑一道坚固的税务安全网，面对税务稽查和各种风险都能轻松应对。这样一来，不仅避免了麻烦，还能让企业更加壮大。我们一起来看一下税务稽查的11个"红灯"指标，向张老板学习一下，也为自己的企业也建立一个安全网，让企业发展无后顾之忧。

1. 专票用量突增

警示：增值税专用发票用量突然大幅增加，除了业务真的增长，还可能是虚开发票的迹象。

应对：确保购销合同真实，业务与合同一致，存货与实际相符。

2. 存货大于资本

警示：如果存货价值超过实收资本，可能意味着库存不实或收入未结转。

应对：检查资金来源，确保存货真实。

3. 税负异常变动

警示：税负大幅变化可能暗示账外经营、偷税或违规抵扣。

应对：核实销售业务，确保所有收入均已入账，抵扣合规。

4. 存货与收入不匹配

警示：期末存货与累计收入差异大，可能意味着库存不真实或收入未确认。

应对：检查库存商品科目，确保与实际情况一致。

5. 进项税额过高

警示：如果进项税额异常高，可能存在虚假抵扣。

应对：核查固定资产、非应税项目等是否合规抵扣。

6. 预收账款占比大

警示：预收账款占销售收入比例高，可能未及时确认收入。

应对：确保合同真实，款项及时入账，收入确认无误。

7. 销售额与税额变动不协调

警示：销售额与应纳税额变动不一致，可能存在问题。

应对：检查经营范围、货物收发情况，确保税额计算准确。

8. 主营业务收入成本率太高

警示：成本率远超行业平均，可能意味着多转或虚增成本。

应对：审查原材料价格、设备状况及成本结转方法，确保合理。

9. 进项税额增长快于销项税额

警示：可能隐藏少计收入或虚假抵扣问题，特别是享受税收优惠期满的企业。

应对：核实购销业务真实性，查看库存，防止违规抵扣。

10. 主营业务收入费用率异常

警示：费用率过高，可能存在多提费用或资本性支出一次性列支。

应对：检查各项费用增长情况，确保合理，并留意是否存在返利未冲减进项税额等问题。

11. 存货周转率与销售收入变动不匹

警示：两者增速不一致，可能暗示少报或瞒报收入。

应对：根据弹性系数分析，确保销售收入与存货周转同步增长。

第八章

数字化让税务合规更容易

第一节
数字化转型是税务合规的必经之路

老张是一家服装厂的老板,生意做了十多年,积累了不少客户。可随着公司业务越来越多,他的财务和税务处理却越来越吃力。纸质发票堆成山,账目每次核对都得靠人手一笔一笔算,到了报税的时候,数据经常对不上。税务局的通知接二连三,老张意识到,不能再靠老办法过日子了。

朋友建议他进行数字化转型,把财务、税务流程都"搬上系统"。老张一开始还担心麻烦,可当他真正用上了数字化系统,发现税务合规变得比以前轻松太多了。不仅报税不再乱七八糟,整个公司的运营效率也提升了。

随着税务监管越来越严格,企业要想做到合规,数字化转型已经不是一个可选项,而是必经之路。特别是对中小企业来说,数字化不仅能让税务处理更加精准,还能大幅减少人工操作带来的错误。接下来,我们一起来看看,如何通过数字化转型,搞定税务合规(如图8-1所示)。

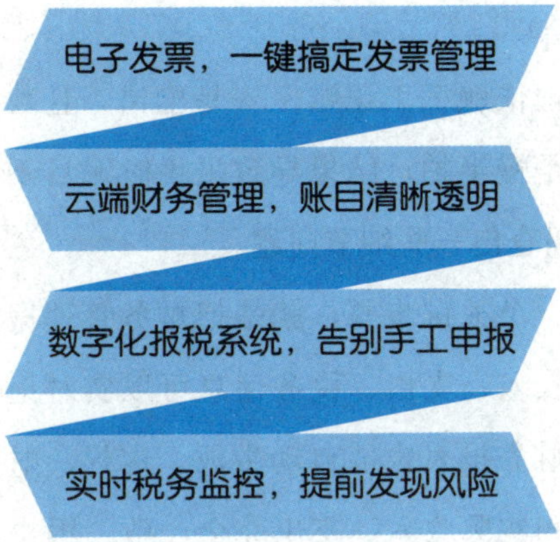

第八章　数字化让税务合规更容易

```
电子发票，一键搞定发票管理

云端财务管理，账目清晰透明

数字化报税系统，告别手工申报

实时税务监控，提前发现风险
```

图 8-1　税务合规数字化的四个重点

一、电子发票，一键搞定发票管理

传统的纸质发票管理不仅麻烦，而且容易丢失，等到报税时就会因为发票不齐、数据不清而出问题。手工录入发票信息也容易出错，等到税务局来查账时，可能会发现发票和收入不对账。

通过数字化转型，全面使用电子发票，不仅发票数据自动生成、自动上传，还能实时同步到税务系统。企业不再需要手工处理发票信息，所有的收入、支出都可以通过系统直接核对，省时省力。特别是业务量大的企业，电子发票能让发票管理更加高效，报税时再也不用担心发票对不上。

老张的公司以前每次报税都因为发票不齐被拖延，后来使用了电子发票系统，所有发票都可以一键生成，并且自动传输到税务局，报税时数据一目了然，合规也变得更加简单。

二、云端财务管理，账目清晰透明

传统的财务管理依赖手工记账，容易出错，且数据流动不及时，业务和财务的对接总是慢半拍，结果导致报税时账目不清，收入和支出对不上，常常被税务局查出一些细节问题。

数字化转型的一个关键步骤，就是把财务管理搬到云端。通过云端财务系统，企业的收入、支出、税务信息可以实时记录，所有的账目数据都能自动更新，财务报表也能自动生成。这样，财务数据一目了然，报税时税务申报表和实际收入、支出完全一致，再也不会因为账目混乱而出错。

老张通过引入云端财务管理系统，实时查看每一笔业务的收入和支出，所有数据自动生成财务报表。报税时再也不需要手工核对，所有数据都能一键上传，税务合规不再是难题。

三、数字化报税系统，告别手工申报

手工报税费时费力，尤其是企业业务复杂、数据量大的情况下，手工填写报税数据不仅效率低，还容易出错。一旦报错税，企业不仅需要补缴税款，还可能面临罚款。

通过数字化报税系统，企业的所有税务数据都能直接对接到税务局的系统。收入、成本、发票数据全部自动生成报税表，企业只需确认后提交即可。这样一来，报税不仅快速准确，还能避免漏报、错报的风险。

老张的公司过去每次报税都得手工录入大量数据，经常因为一点小失误导致报错。现在他使用了数字化报税系统，数据自动从财务系统导入，报税只需简单确认，税务合规变得高效而精准。

四、实时税务监控，提前发现风险

数字化转型的好处不仅仅在于提高效率，更重要的是能够实时监控税务风险。通过智能系统，企业可以随时查看税务情况，一旦有异常，系统会自动预警，让企业提前发现问题并解决，避免等到税务局发现问题时措手不及。

企业通过数字化系统设置税务监控，一旦发现收入和税务申报不一致、发票未及时开具等问题，系统会自动提醒。财务部门可以根据提示及时调整，提前规避风险，确保税务合规。

老张的公司通过税务监控系统，发现有几笔发票开具延迟，系统立刻发出预警，财务部门迅速补救，避免了报税时出现问题。这样，企业能够在风险发生之前就进行处理，合规更加稳妥。

▶财税小贴士

税务合规那点麻烦事儿，其实用数字化转型就能轻松搞定。电子发票、云端财务管理、数字化报税再加上实时税务监控，这些听起来是不是还挺"高大上"的？但它们可不只是听着好听，还能实实在在地让企业的财务和税务工作变得更加高效。更重要的是，这还能大幅降低合规风险，一举两得呢！

别再死守那些老掉牙的税务管理方式了。赶紧试试数字化转型吧！它能让咱们管税务变得更轻松、更简单，既省时间又省力气，还能让人心里踏实。何乐而不为呢？

第二节
用智能工具提升税务效率

王老板有个小型制造厂，这几年生意越做越大，可每到报税、核账的时候，他就头疼得不行。公司业务那么多，发票、合同、收支等需要处理的有一大堆，财务部门人手又紧张，手工处理起来不仅慢，而且还容易出错。去年就更糟了，有几次发票没及时对上，报税时出了错误，结果被税务局罚了款。这事让王老板意识到，再这么搞下去可不行，老方法跟不上新节奏了。

后来，一个财务的朋友建议他试试智能工具，说是能提升税务处理效率。王老板一开始还有点犹豫，觉得自家公司不大，没必要整这些"高科技"。不过真正用起来后，他才发现，这智能工具真不赖，财务处理速度快多了，整个税务报表的生成、申报也变得轻松多了。现在，王老板可省心多了，也更相信这些新工具的力量了。

对于中小企业老板来说，税务工作总是让人头疼：数据量大、手工操作容易出错、报税流程烦琐。其实，使用智能工具可以轻松解决这些问题，让你在处理税务时既省时又省力。接下来，我们就具体看看如何用智能工具提升税务效率（如图8-2所示）。

```
1  自动发票管理        3  智能预警系统
2  智能报税工具        4  数据云存储
```

图 8-2 提升税务效率的四种智能工具

一、自动发票管理，减少手工录入的麻烦

过去，发票的管理需要人工录入，不仅容易出错，还容易遗漏。每次财务部门核对收入和发票时，都要花大量的时间翻找纸质发票或手工录入发票数据。人工处理不仅耗时，而且容易因为数据不对导致账目混乱，最终在报税时出现问题。

使用智能发票管理工具，发票自动生成、自动上传系统，无需人工录入。每一笔业务完成后，系统会自动生成发票并记录在案，发票数据与收入一一对应，财务人员可以随时查看和核对。这大大减少了手工录入的工作量，同时确保发票和收入数据的准确性。

> 王老板过去每个月要花大量时间处理发票，报税前财务部门经常加班核对数据。使用智能发票管理工具后，发票数据自动生成，财务部门的工作效率提高了一倍多，再也不用为发票问题发愁了。

二、智能报税工具，一键生成报表，告别复杂操作

报税一直是中小企业的一大痛点。每个月要核对各种账目、收入、

支出、发票，还要手工填写税务申报表，这个过程烦琐且容易出错。尤其是业务量大的时候，财务团队的工作量陡增，稍有不慎就会漏报或错报，导致被税务局追缴或罚款。

通过智能报税工具，企业的收入、支出、发票和合同等数据可以自动汇总并生成税务报表。财务人员只需要审核确认，系统就会根据预设好的规则自动生成符合税务局要求的报税文件，整个报税过程轻松高效，再也不需要人工填写烦琐的表格。

> 王老板以前的财务团队每月花费大量时间手工报税，数据核对起来非常麻烦。现在，智能报税工具让报税变得极其简单，所有的账目数据一键生成报表，几分钟内就能完成报税工作，省时省力。

三、智能预警系统，提前发现税务风险

很多中小企业老板直到税务局查账的时候，才意识到自己的税务处理有问题。而这些问题往往是由于数据录入错误、发票不及时、收入与税务申报不一致等原因造成的。等到问题被发现时，往往已经太晚，企业不得不补税甚至面临罚款。

智能税务工具不仅能处理数据，还配备了预警系统。当收入、发票、支出等数据出现异常时，系统会自动发出预警，提醒财务人员及时处理。通过提前发现问题，企业可以避免在税务申报时出现漏洞，降低被税务局查账或罚款的风险。

> 王老板的公司通过智能预警系统，及时发现了几笔业务的收入和发票数据不一致的情况。系统立即发出了预警，财务团队迅速进行了调整和补救，避免了在报税时出现大问题。

四、数据云存储，随时随地查看和管理

传统的财务管理往往依赖纸质文件和手工操作，企业的财务数据容易丢失或损坏。更麻烦的是，老板们如果不在公司，很多时候就没法及时查看公司的财务状况，也无法做出准确的决策。

智能税务工具将所有的财务数据存储在云端，老板和财务人员可以通过手机、电脑随时随地查看公司的收入、支出和税务报表。无论是处理紧急情况，还是做财务决策，云端系统都能为老板们提供最新的财务数据。

> 王老板经常出差，以前每次离开公司就没法掌握公司的财务状况。自从使用了智能税务工具，财务数据可以随时查看，无论身处何地，王老板都能通过手机了解公司运营情况，管理更加高效。

▶ 财税小贴士

智能工具是提升税务效率的神器！自动发票管理、智能报税、预警系统，加上数据云存储，这些功能听着是不是就觉得省心？对于中小企业来说，它们可是处理税务工作的好帮手，不仅减少了手动操作的麻烦，还能降低出错的风险，省时又省力。

别让烦琐的税务工作拖慢了公司的步伐，试试这些智能工具吧，它们能让税务合规变得高效还省心。赶紧跟上科技的脚步，让企业的税务管理也智能化起来，享受轻松又简单的合规体验。

第三节
数字化生态系统帮企业省心

刘老板弄了个建材公司，一开始只是个小作坊，财务、业务、税务这些工作他都能凑合着自己来。但随着时间的推移，生意渐渐做大了，问题也一个接一个地来了。比如业务部门那边订单都接好了，可财务这边却迟迟看不到合同和发票，每次到了报税的时候，数据总是对不上，好几次税务局都来"关照"他们。

刘老板也意识到了，再这么下去不行，老办法已经跟不上公司发展的脚步了。正当他犯愁的时候，一个朋友建议他试试数字化生态系统。刚开始刘老板还半信半疑，不过用了几个月后，效果真的很明显。公司运行得比之前顺畅多了，他自己也少操了好多心。

这个数字化生态系统不仅让企业省下了宝贵的时间，还让管理变得更加简单和透明。刘老板现在可轻松多了，他也更相信数字化的力量了。

数字化生态系统是中小企业提升管理效率的利器。它不仅让数据管理变得更加智能，还能够将繁杂的流程自动化处理，减轻了人工操作的负担。让我们一起看看数字化生态系统究竟是如何帮企业老板们省心的（如图8-3所示）。

第八章　数字化让税务合规更容易

数字化
生态系统
- 自动对接流程，减少部门间的协调难题
- 一站式管理平台，轻松掌控企业全局
- 自动提醒功能，避免遗漏关键事项
- 智能分析与报告，辅助做出更精准的决策

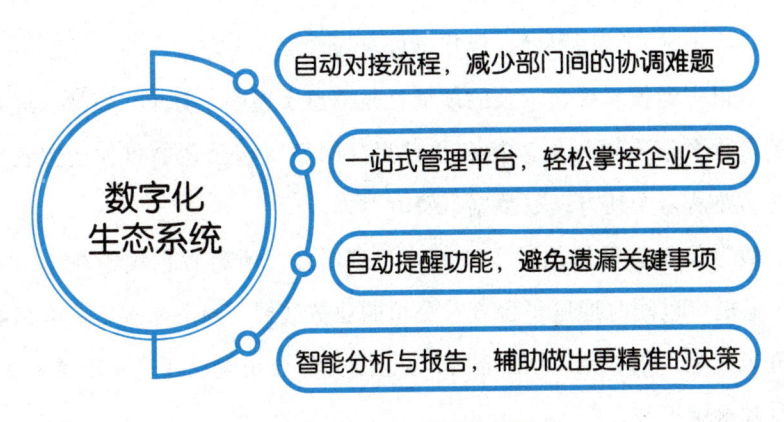

图 8-3　数字化生态系统的四项优势

一、自动对接流程，减少部门间的协调难题

在企业运营中，业务、财务、税务等部门往往各自为政，信息不流通。业务部门签了订单，财务部门却迟迟拿不到发票，税务申报时数据对不上，造成了很多协调上的麻烦。老板们不仅得时常插手，还容易因此出现延误和错误。

数字化生态系统通过集成业务、财务、税务等各类流程，自动对接各部门信息。业务一旦完成，系统会自动生成相关的发票和合同，直接流转到财务系统进行处理，税务申报的数据也能实时更新。各个部门的工作衔接顺畅，减少了人为协调的时间和精力。

刘老板的公司在使用数字化生态系统后，财务、税务、业务部门的沟通大大减少，系统自动完成了许多烦琐的交接工作，部门间的协作顺畅，业务处理效率提高了很多。

二、一站式管理平台，轻松掌控企业全局

对很多老板来说，最大的烦恼就是信息不透明。订单、发票、成本、税务数据分散在不同的表格和文件里，想要了解公司的整体运营状况，往往需要从多个地方调取数据，费时费力。

数字化生态系统提供了一站式管理平台，所有数据集中在一个系统里。老板可以随时通过平台查看公司的业务进展、财务状况、库存情况、税务数据等，实时掌握企业全局。无论是分析公司现状还是做出重要决策，信息都触手可及。

> 刘老板从此再也不用翻找各类报表，一个系统就能看到公司所有的关键数据，轻松掌控全局，管理决策更加快速有效。

三、自动提醒功能，避免遗漏关键事项

企业管理中，忘记处理发票、漏报税款或者忘记合同签订等小问题时有发生。尤其是当企业业务量上升时，这些小问题容易被忽视，最终可能引发大的管理风险，甚至招致罚款或法律纠纷。

数字化生态系统内置了自动提醒功能，能够针对发票开具、合同签订、税务申报等关键节点提前发送提醒。系统会根据设定的时间和流程，及时通知相关部门和人员，确保重要事项不会被遗漏。老板们可以省心不少，再也不用担心错过关键操作。

> 自从启用了自动提醒功能，刘老板的公司再没有出现过发票遗忘、合同滞后或者税务申报延误的问题，所有流程都井然有序，极大地减少了管理上的疏漏。

四、智能分析与报告，辅助做出更精准的决策

许多企业老板在做决策时，通常需要依据财务报表和各种业务数据，但传统的手工分析不仅费时，数据准确性也难以保证。老板们经常要翻阅一堆文件、报表，才能看清企业的运营状况，做出下一步决策。

数字化生态系统配备了智能分析工具，能够自动生成各种财务报表、销售报告和税务预测。系统通过大数据分析，不仅能展示当前的运营状况，还能预测未来的财务和税务趋势，帮助老板做出更加精准的经营决策。

> 刘老板再也不用为找数据、看报表发愁了。系统自动生成的报告一目了然，他可以根据这些报告及时调整公司的运营策略，确保企业健康发展。

▶ **财税小贴士**

> 数字化生态系统就像给企业装了个智能大脑，通过自动化的对接、集成管理、自动提醒和智能分析，帮咱们把管理流程变得简单多了。这样一来，不仅减少了人手操作时容易犯的错误，还让整个管理过程变得轻松又高效。用上数字化生态系统，你就能省下不少时间和精力，而且还能随时掌握全局，轻松应对生意场上的各种挑战。这可是让你的企业在竞争中更胜一筹的强力武器。

第四节
人工智能是未来的税务管理助手

张老板经营了一家电商公司，随着生意越做越大，他发现税务管理越来越复杂。每个月的税务工作都让财务团队忙得团团转。发票处理、税务申报、费用报销等一大堆事情等着处理，人工操作总是出错。张老板已经因为税务问题被罚了好几次，想着要是有个"税务管理助手"就好了，能自动处理这些烦琐的事情。

没想到，这样的"助手"真的来了——人工智能（AI）。张老板决定试试用人工智能来帮忙。没过几个月，他就发现人工智能不仅让税务处理变得轻松了许多，还提高了准确性，减少了人为错误。人工智能俨然成了他未来的税务管理"得力助手"。

人工智能（AI）正在改变各行各业的运作模式，税务管理也不例外。对于中小企业来说，人工智能可以帮助简化烦琐的税务流程，减少人为失误，甚至优化财务决策。接下来我们看看，人工智能究竟是如何成为未来税务管理的"好帮手"（如图8-4所示）。

第八章 数字化让税务合规更容易 191

- 01 自动生成税务报表，快速又准确
- 02 智能识别发票，告别烦琐手工录入
- 03 实时税务监控，发现问题及时提醒
- 04 智能税务筹划，帮助企业合法节税

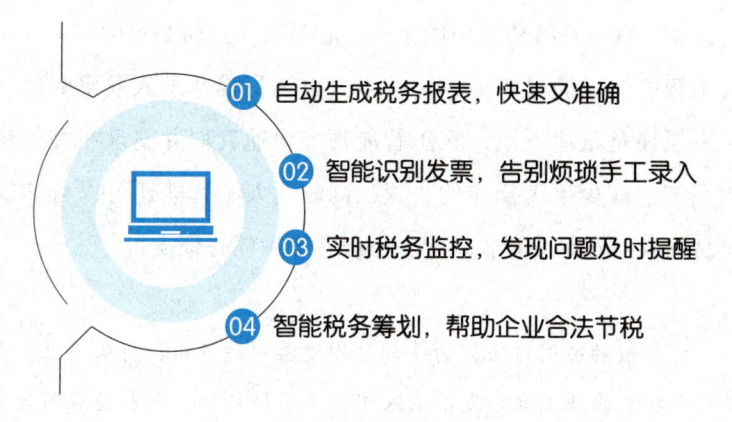

图 8-4 人工智能的四大优势

一、自动生成税务报表，快速又准确

传统的税务报表生成依赖财务人员手工输入和核对，费时费力，稍有不慎就容易出错。而税务报错不仅会给企业带来麻烦，还可能导致补缴税款或面临罚款。

人工智能可以自动生成税务报表，将收入、支出、发票等数据实时整合，并根据预设好的税务规则自动生成符合税务要求的报表。这不仅大大减少了手工操作，还能确保报表数据的精准度，避免错报、漏报。

张老板的财务团队在人工智能的帮助下，报税表格自动生成，所有数据清晰明了，再也不需要花费大量时间手工填写，报税效率提升了不少。

二、智能识别发票，告别烦琐手工录入

发票管理一直是财务工作中的一个老大难问题。企业每个月收到成百上千张发票，财务人员需要逐一手动录入，效率低下，错误率高。而

发票错误又常常是税务稽查中的重点,容易给企业带来风险。

人工智能可以通过智能识别技术,自动扫描并录入发票数据。无论是电子发票还是纸质发票,人工智能都能快速读取并整理相关信息,自动录入系统,减少手工操作的失误。同时,人工智能还可以自动匹配发票和交易记录,确保所有收入和支出都有准确的凭证支持。

张老板的公司过去因为手动处理发票问题频出,自从用上了人工智能发票管理工具,发票录入速度快了好几倍,再也没有因为发票问题而延误税务申报。

三、实时税务监控,发现问题及时提醒

企业日常运营中,税务风险经常潜伏在看似无关紧要的小问题中,比如发票与收入不匹配、费用报销不及时等。这些问题如果不及时发现,可能会累积成大的税务隐患,等到税务局查账时才暴露出来,企业会被罚得措手不及。

人工智能可以对企业的税务数据进行实时监控,随时检测收入、支出和发票的异常情况。一旦发现潜在的税务问题,人工智能会立刻发出预警,提醒财务人员进行调整,避免问题累积扩大。

张老板的公司通过人工智能的实时监控,及时发现了几笔发票未与收入对应的情况,人工智能马上发出了警报,财务团队及时修正了这些错误,避免了税务稽查时可能出现的麻烦。

四、智能税务筹划,帮助企业合法节税

税务筹划是每个企业都想做好但又不容易做好的事。人工智能不仅

能处理税务的日常管理，还能帮助企业进行税务筹划。通过分析企业的历史数据和当前的税务政策，人工智能可以为企业提供个性化的节税方案，确保企业合法合规地减少税务负担。

人工智能能够分析企业的财务和税务数据，结合最新的税收政策，自动生成税务优化方案。人工智能会根据企业的运营情况，提出合理的节税建议，帮助企业充分利用税收优惠政策，合法节税。

张老板过去总觉得税务筹划是"大公司"的事儿，但用了人工智能税务助手之后，他发现人工智能可以根据公司业务提出合理的节税建议，帮他合法减少一大笔税款，企业的现金流也因此更加宽裕了。

财税小贴士

现在，人工智能可是企业税务管理的好帮手。它能自动生成报表，智能识别发票，还能实时监控税务风险，甚至帮你做税务筹划。有了人工智能，咱们的税务管理效率不断提高，还能减少人为的错误，降低税务风险。还在观望的老板们，不妨试试用人工智能来帮忙（如表8-1所示），让你的税务管理变得轻松又高效。这样一来，企业就能省下不少心，还能稳稳当当地发展。

表8-1　几款适合财务管理工作的人工智能

产品名称	适用对象	主要作用	优势亮点
AiTax	个人和小型企业	利用人工智能分析财务数据，识别潜在扣除项，确保准确性，合法退税	满意度保证、免费审计和法庭法律辩护、退款保证

续表

产品名称	适用对象	主要作用	优势亮点
TaxJar	TaxJar 用户	自动化销售税分类，简化销售税产品分类任务	集成在 TaxJar 平台中，提高产品税码归类成功率
AI Tax Assist	税务公司	简化报税流程，特别是 Form CS 和 Form C	可定制的工作流程管理，提高公司生产力
Reconcile	个人和小企业	自动分类费用，核对账目，生成财务报告	提供个性化税务策略，全天候人工智能税务援助
Intuit TurboTax	个人、小企业主、个体经营者、投资者	简化报税流程，确保获得应得扣除和积分	用户友好界面，费用查找器，扣除最大化器
Avalara AvaTax	各种规模企业	自动化计算销售税、增值税、商品及服务税等	地理位置和税务数据简化税务确定，支持 700 多个预设构建集成
TaxGPT	个人和企业	提供税务查询回复，识别减税机会	答案准确，省时，安全保密，幻觉控制算法
Taxly.ai	自雇人士、自由职业者、个体经营者	自动识别税收抵扣项，简化税务申报流程	无纸化税务申报，自动化税务处理，税务会计
BPai（标普云）	企业	智能财税咨询和智能开票	国内首个自研财税大模型，降低人工智能使用门槛

第九章 跨境经营的税务合规

第一节
国际税务环境的应对方法

李老板是一家跨境电商公司的老板,近年来随着业务扩展,公司的国际业务越来越多。可伴随而来的问题也越来越复杂,尤其是税务问题,搞得他头疼不已。以前,他觉得只要把国内的税务搞定,国外的事情交给当地分公司处理就好,没太在意。可是去年,因为一笔跨境收入申报不当,公司被国外税务局罚了一大笔钱。这让李老板意识到,国际税务环境已经发生了巨大的变化,必须认真应对,不然赚的钱可能都要用来补交税款了。

为了避免重蹈覆辙,李老板开始了解国际税务的新规则,并采取了一系列应对措施。

随着全球化的深入和国际经济的发展,税务环境也在迅速变化,尤其是对跨国公司来说,如何应对这些变化成为了一项重要的任务。以下是国际税务环境的几大变化趋势,以及企业应对这些变化的策略(如图9-1所示)。

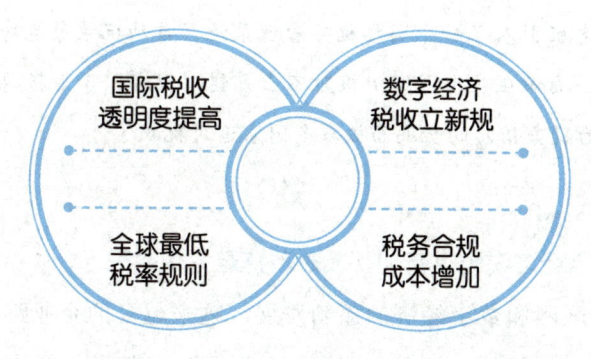

图 9-1　国际税务环境的四大变化

一、国际税收透明度提高，企业必须规范管理

过去，很多企业在国际业务中通过一些"灵活"的税务安排，规避了部分税务负担，甚至在不同国家享受双重优惠。但随着全球范围内的税务透明度提高，这种做法正变得越来越难。特别是OECD（经济合作与发展组织）推动的BEPS（税基侵蚀和利润转移）行动计划，已经让各国政府在税务透明和信息交换方面做出了很多努力。简单来说，现在各国的税务部门互相"通气"了，企业在一个国家的报税信息，可能会直接影响到在另一个国家的税务审查。

首先，企业要确保自己的税务合规，不仅要在国内做好报税工作，还要注意国际业务的税务处理不能有"灰色地带"。特别是在跨国经营时，所有涉及的交易、合同、发票等材料都要规范化管理，避免企业因为信息不透明而被税务机关重点关注。

其次，企业可以考虑聘请专业的国际税务顾问，帮助分析不同国家的税收制度，确保每个环节都符合法规要求。毕竟各国的税务政策千差万别，专业顾问能帮助你理清复杂的税务关系，确保不会踩雷。同时，企业还需要定期自查税务状况，避免出现遗漏或错误，毕竟现在各国税务机关都在共享信息，合规才是最好的保护伞。

李老板引入了一个国际税务管理系统，自动记录每笔跨境交易的数据，确保在多个国家申报时不出差错。现在，李老板再也不用担心因为税务信息的疏漏而被多个国家追讨税款了。

二、数字经济税收立新规，及时调整避免多缴税

随着互联网和数字经济的蓬勃发展，越来越多的企业跨境经营，但这也带来了税务挑战。很多企业在国外赚了钱，但并没有实体存在，过去还能避开一部分税务缴纳。但现在国际税收规则正在发生变化，各国政府对跨境电商、数字服务、软件和技术出口等业务越来越关注。新的税收政策要求，即便企业在当地没有实体存在，只要有业务收入，也可能要缴税。

首先，企业必须清楚自己在全球范围内的收入结构，尤其是通过互联网、技术服务等方式产生的跨境收入。企业需要了解各个市场的税收政策，特别是涉及数字服务的国家税务规定。如果不清楚，就容易在多国交重复的税款。

为了避免这种情况，企业可以考虑在每个主要的市场设立"实体存在"，通过建立公司或分支机构，合法享受当地的税务优惠政策。这不仅能够减少税务风险，还能通过合理安排业务布局，实现税务最优化。

此外，数字经济带来的税务风险并不是一时的现象，未来会有更多国家推出类似政策。因此，企业要有长远眼光，及时调整自己的税务策略，确保不因政策变化而陷入被动。定期与国际税务专家沟通，保持对税收新规的敏感度，才能保证企业平稳应对未来的税务变化。

三、全球最低税率规则，税务优化难度加大

最近两年，全球最低税率这个词频繁出现在国际税务圈。很多国家

为了吸引外资，过去会给出非常低的企业所得税优惠，甚至有些国家的税率低到几乎可以忽略不计。这让不少跨国公司通过注册在这些"低税率"国家，来大大降低国际税负。

但全球最低税率规则的推出，意味着不管企业在哪里注册，最低税率将被统一设置为15%。换句话说，即便企业选择在低税区注册经营，仍然要按照15%的最低税率缴税，这让企业通过全球税务优化来减少税负的空间大大缩小。

面对这种新规则，企业首先要重新审视自己现有的税务架构。过去依赖低税率地区避税的策略，现在需要调整。如果企业还想继续享受税务优化的红利，可以考虑通过转变业务模式，或者合理利用其他国家的税务优惠政策，比如研发费用抵扣、投资优惠等。

此外，企业还需要提升自己的税务管理能力，特别是在不同国家的税务申报流程上要做到清晰透明。如果企业的业务涉及多个国家，尤其是那些实施全球最低税率的国家，必须保证每一项业务的税务处理都是合规的，避免因为税务错报而引发更严重的税务风险。

同时，企业要考虑更长远的税务筹划，与全球经济政策变化保持同步。特别是对中小企业来说，不妨多借助外部的税务专家，提前做好税务筹划，找到最适合企业的全球税务布局方式，降低在全球最低税率背景下的税务成本。

四、税务合规成本增加，企业需优化运营结构

随着国际税务环境变得越来越复杂，各国政府对税务合规的要求也在不断提高，企业的税务合规成本随之上升。不少企业需要投入更多的人力和财力来处理国际税务问题，包括报税、税务审核、跨境申报等一系列复杂的操作。税务合规变成企业运营中一笔不可忽视的开支。

企业首先需要明确，税务合规虽然看似增加了成本，但却是企业在国际市场上稳健运营的保障。因此，与其试图节省合规成本，不如优化企业的运营结构，提升内部效率，从而降低整体的运营成本。

例如，企业可以通过数字化转型，运用智能税务系统来管理全球税务事务，减少人工处理税务申报时可能出现的错误。通过智能化工具，企业可以实现自动生成报表、智能税务筹划等操作，大幅减少财务团队在税务处理上的工作量。

此外，企业还可以考虑整合全球运营结构，集中管理税务事务。例如，将全球各地的税务申报工作集中在一个统一的财务中心进行处理，既能提高效率，又能减少不同地区之间的信息差异，降低税务合规的风险和成本。

财税小贴士

企业需要明白，全球税务环境变化莫测是常态，咱们得学会适应，这才是长远发展的王道。咱们可以通过调整运营结构，来提高管理水平，这样不仅能减少税务合规的开销，还能在复杂的国际税务大环境中找到新的机会。简单来说，就是要灵活点，别死板，这样才能在变化中找到新路子，让企业越走越远（如表9-1所示）。

表9-1　BEPS行动计划前后的影响

影响领域	行动前	行动后	说明
转让定价	跨国公司可能通过转移定价策略，将利润转移到低税国家，减少在高税国家的税负	强化转让定价规则，要求更加符合独立交易原则，减少税基侵蚀	BEPS行动计划中，转让定价文档要求更加透明，以确保利润在经济活动发生地和价值创造地征税

续表

影响领域	行动前	行动后	说明
税收协定滥用	利用税收协定中的漏洞,通过设立导管公司等方式,减少或避免税收	修订税收协定,防止滥用,确保税收协定的公平性	BEPS 行动计划中,防止税收协定滥用是重点之一,以确保所有企业公平承担税收义务
有害税收竞争	一些国家通过提供低税率或税收优惠,吸引跨国公司注册,但实际经济活动不多	打击有害税收竞争,推动全球税收公平	BEPS 行动计划中,有害税收竞争是被明确反对的,以防止税基侵蚀
税收透明度	跨国公司的税务信息不透明,难以监管	提高税收透明度,要求跨国公司披露更多税务信息	BEPS 行动计划中,提高税收透明度是关键措施之一,有助于税务机关监管
跨国企业税收管理	跨国企业可能利用不同国家税法差异,进行税务筹划	统一国际税收规则,减少税法差异带来的税务筹划空间	BEPS 行动计划旨在统一国际税收规则,减少税基侵蚀和利润转移的机会
数字经济税收挑战	数字经济活动难以界定税收管辖权,导致税收难题	针对数字经济提出新的税收规则,确保公平征税	BEPS 2.0 倡议中,特别关注数字经济带来的税收挑战,提出新的国际税收规则

第二节
跨国公司遇到的税务难题

老李生意越做越大，市场都扩展到国外，成为一个跨国公司的老板了。不过随着业务扩展，税务问题也接踵而至。国内的税务规则他还算熟悉，可到了国外，什么增值税、公司所得税、数字服务税，规则千差万别，报税的时候头都大了。更别说，各国税务局还开始共享信息，一旦出点问题，税务局马上就重点关注你。

最近，老李因为在不同国家报税时遇到了麻烦，甚至差点因为报错税被罚款。这让他意识到，跨国公司必须得想办法解决这些税务难题，不然公司做得再大，税务问题不解决，随时都可能踩雷。

跨国公司面对的税务问题复杂多样，解决这些问题需要具体方法和对策。下面我们就通过老李的经历，看看如何破解这些跨国税务难题（如图9-2所示）。

一、各国税法不一样，怎么确保合规？

老李在不同国家做生意，发现每个国家的税法都不一样。有些地方税率高，有些地方有特殊的优惠政策，税务申报的规则也是五花八门。这导致公司经常在不同国家报税时出错，甚至被税务局追缴税款。

第九章　跨境经营的税务合规　　**203**

图 9-2　跨国公司的四个税务难题

　　跨国公司首先要了解各国的税法差异。可以考虑请专业的国际税务顾问团队，帮助分析每个市场的税务政策，确保公司的税务申报符合当地法规。还有一个好办法是使用智能税务软件，把各国的税务规则集成在系统里，自动处理申报数据，减少出错的风险。

　　老李通过聘请专业的国际税务顾问，对公司在不同国家的税务政策进行了一次大梳理。公司根据各国的政策调整了税务申报流程，确保每个国家都合规，再也没有因为规则不清被罚过。

二、转移定价，利润怎么分配才合理？

　　跨国公司在多个国家开展业务，利润怎么分配成了个大问题。比如老李的公司在 A 国生产，在 B 国销售，最后在哪个国家缴税、缴多少税，这个问题没那么简单。各国税务局都想要一杯羹，如果处理不好，很容易被认为是在避税。

　　转移定价是解决这个问题的关键。公司需要根据各个国家的业务情况，合理分配利润，确保定价公允。老李可以通过请转移定价专家来帮助制订一套合理的利润分配方案，确保公司在各个国家的利润分配合规透明。同时，企业需要留好每一笔业务的相关凭证，确保税务局审查时能够自证清白。

  老李的公司通过专家帮助，制订了一套合理的转移定价规则，把生产、销售的利润分配问题理清楚。各国税务局看到清晰的业务和利润分配流程后，再也没找上门过。

三、重复征税，如何合法节税？

  老李发现，公司在国外的业务有时候会遇到重复征税的问题。在 A 国做生意，赚了钱缴了一次税，回到 B 国还得再交一遍税，这让他的税负压力变得特别大。钱没赚多少，税倒是交了不少。

  解决这个问题的关键是充分利用"双重征税协定"（DTA）。大部分国家之间都有签订类似的税务协定，目的是避免企业因为跨国经营而被重复征税。老李只需要确保公司在报税时合理利用这些协定，提供相关的税务文件证明，就能大大减少重复缴税的情况。

  老李通过税务顾问的帮助，发现公司在 B 国其实可以申请税收抵免，这样就避免了在 A 国和 B 国重复缴税。公司通过申请，最终成功节省了一大笔税款。

四、税务稽查越来越严，怎么提前防范？

  跨国公司的税务问题复杂，各国的税务局都在加强稽查力度。老李的公司过去没少因为税务稽查头疼。一次报税数据不一致，就引来税务局的全面检查，不仅耽误时间，还增加了公司的税务风险。

为了避免税务稽查，老李需要提前做好税务合规工作。可以通过数字化税务管理系统，实时监控公司的税务状况，自动核对收入、支出和发票，发现问题提前修正，避免等到税务局找上门才慌忙处理。定期的自查和财务审计也能帮助企业提前发现潜在的税务风险。

老李公司引入了智能税务管理系统，每月自动核对发票、账目和税务申报表。自从有了这个系统，公司再也没有因为税务问题被突击稽查，税务风险也降到了最低。

▶ **财税小贴士**

跨国公司在不同国家经营，税务问题是不可避免的难题。但只要掌握正确的应对策略，比如了解各国税法（如表9-2所示）、合理转移定价、利用税收协定和提前防范税务风险，企业就能化解这些麻烦，让跨国业务轻松运行。面对复杂的国际税务环境，别等问题爆发了才处理，提前准备，才能从容应对税务挑战！

表9-2　各国税法差异

税种	中国	美国	英国	法国	日本	韩国	俄罗斯
个人所得税	累进税率，最高45%	分类征收，最高37%	综合征收制，最高45%	综合征收制，最高45%	累进税率，最高45%	累进税率，最高45%	累进税率，最高42%
企业所得税	统一税率25%	联邦税率15%～35%，州税4%～12%	税率19%	税率33.33%	税率20.42%	税率10%～25%	税率10%～25%

续表

税种	中国	美国	英国	法国	日本	韩国	俄罗斯
增值税	标准税率13%，部分商品适用9%、6%	无增值税，但有州销售税	标准税率20%	标准税率20%	标准税率10%	税率10%	税率10%
财产税	部分地区试点房地产税	普遍征收财产税	征收市政税和资本得利税	征收财产税	固定资产税和都市计划税	综合房地产税	土地税、财产税
国际税收	对居民企业和个人全球所得征税	对居民全球所得征税	对居民全球所得征税	对居民全球所得征税	对居民全球所得征税	对居民全球所得征税	对居民全球所得征税

第三节
反避税策略，不懂就会吃亏

老李作为一家跨国企业的老板，最近日子有些不太好过。公司在不同国家有业务，过去总觉得避税策略就是通过复杂的税务安排减少税负，能省一点是一点。可谁想到，最近税务局突然发来一份"反避税调查通知"，指出公司可能存在通过转移定价和利润转移进行避税的嫌疑，要他补缴一大笔税款，还可能面临罚款。

老李意识到，全球税务监管越来越严，尤其是针对跨国企业的反避税政策，如果不清楚规则，企业随时都有可能踩雷。反避税已经成了跨国公司绕不开的问题，不懂就会吃亏。

反避税的核心，是各国政府为了防止跨国企业通过不正当的税务安排来规避税负，保护国家的税收收入。对于企业来说，理解并遵守反避税规则至关重要。以下是几个关键点，帮助企业规避风险，合法经营（如图 9-3 所示）。

01	02	03	04
转移定价要公允	利润转移要合理	遵守实质重于形式原则	提前筹划税务难度更小

图 9-3　跨国企业规避税务风险的四个关键点

一、转移定价要公允

老李的公司在不同国家经营，过去常通过低报利润或在低税率国家申报收入的方式来减少税负，转移定价的操作也比较随意。老李以为这样的操作可以减少公司整体的税务负担，谁知道却被税务局查到了。

转移定价必须符合公允原则，也就是说公司在进行跨国业务定价时，不能为了省税而故意压低或抬高价格。跨国公司在不同国家之间的业务往来，比如采购、销售、技术服务等，价格必须与第三方交易相一致，不能通过内部价格操控来避税。

为了规避风险，企业需要准备一份完整的转移定价报告，详细记录每一笔跨境交易的定价依据，确保税务局审查时有据可查。同时，建议企业定期与国际税务顾问沟通，确保转移定价符合当地的法规和国际准则。

老李在收到反避税调查通知后，马上请转移定价专家重新梳理了公司内部的定价流程，确保未来每一笔跨国交易都有合理依据，避免了进一步的调查和罚款。

二、利润转移要合理

过去，老李的公司会通过在低税率国家设立子公司，将一部分利润转移到这些国家，来降低整体税负。这样的做法看似聪明，但在反避税监管下，这类利润转移极容易被认为是避税行为，尤其是在全球最低税率推行后，税务局对这些操作的审查更加严格。

利润转移要做到合理合规，企业必须确保在不同国家的业务存在真实的商业目的，不能为了避税而人为地将利润转移到低税率国家。如果公司在低税区设有子公司，必须确保该子公司有实际业务运作，而不是纯粹的"空壳公司"。税务局会审查公司在这些国家的实体业务和运营情况，如果发现只是为了避税而设立的公司，企业就可能面临补税和处罚。

老李在顾问的建议下，关闭了几个仅用于税务筹划的"空壳公司"，将资源集中到有实际业务的市场，避免了税务局对公司利润转移的进一步审查。

三、遵守实质重于形式原则

反避税中的一个重要原则是实质重于形式。税务局会从业务的实际运作出发，而不是只看公司表面上的税务安排。这意味着，企业即使在形式上遵守了法律条文，但如果被税务机关发现其背后有规避税负的动机，也可能被视为避税行为。

企业在制订税务策略时，必须关注业务的实际运作，而不是仅仅从税务角度考虑。所有的税务安排都应当有合理的商业理由，比如业务扩展、市场需求等，不能单纯为了节税而进行复杂的税务安排。税务局会通过分析企业的实际运营情况,来判断这些安排是否合规。

老李的公司需要重新审视之前的税务筹划,确保每一项安排都有合理的商业目的,符合实质重于形式的原则,而不是仅仅为了避税。

老李的公司过去通过一些复杂的税务结构减少税负,但这些安排在反避税规则下被视为缺乏实质商业目的。顾问帮他重新简化了业务架构,以更加透明和合规的方式运营,避免了进一步的税务风险。

四、提前筹划税务难度更小

反避税调查一旦开始,企业的所有税务行为都会被放大镜审视。如果企业平时对税务筹划没有提前安排,等到问题爆发时再来处理,往往为时已晚,不仅会面临补缴税款,还可能承担高额罚款。

企业需要提前做好税务筹划,尤其是跨国企业,必须定期检查自己的税务安排是否符合当地和国际法规。企业可以请专业税务顾问进行定期评估,发现潜在的风险及时调整。同时,企业可以通过数字化税务管理工具,实时监控税务数据,确保每笔交易的税务处理合规。

老李通过这次反避税调查意识到,事前筹划比事后补救更重要。他现在每年都会请税务顾问进行一次全公司的税务检查,提前调整可能存在风险的税务安排,确保公司合规运营,避免不必要的税务纠纷。

▶ **财税小贴士**

反避税已经成为跨国企业必须面对的税务挑战。不懂这些规则,随时可能踩雷,导致企业被调查甚至面临巨额罚款。通过合理的转移定价、合法的利润转移、合规的税务安排，以及提前做好筹划，企业不仅能规避风险，还能实现长期的稳健发展。税务问题马虎不得，赶紧动手优化公司的税务策略，避免吃亏。

第四节
跨境税务合规的成功经验分享

老赵的公司做的是跨境电商，过去几年业务拓展得不错，国内外的订单源源不断。可是随着公司发展，税务问题也越来越复杂。不同国家的税法差异大，报税时间和流程都不一样，加上老赵对国外的税务政策不太了解，导致公司频频遇到税务麻烦。前不久，老赵的公司因为没有及时遵守某国的税务规定，收到了巨额罚款通知。这次的经历让他意识到，跨境业务不仅要抓订单，更要抓好税务合规，不然公司辛苦赚来的钱很可能就要"赔"给税务局。

经过一番努力和学习，老赵最终成功规避了跨境税务的各种陷阱，建立了一套税务合规的安全网。今天，他愿意把自己的经验分享出来，帮助更多的老板应对跨境税务合规的挑战。

跨境业务虽然充满机遇，但也伴随着复杂的税务挑战。要想在全球市场上稳健发展，跨境税务合规是企业必须解决的关键问题。接下来，老赵将分享他的成功经验，帮助大家少走弯路，轻松应对跨境税务（如图9-4所示）。

第九章　跨境经营的税务合规

```
[01] 了解各国税务法规，提前做好准备
[02] 税务申报要及时，别让小问题变成大麻烦
[03] 合理利用税收优惠政策，合法减轻税负
[04] 保持税务透明，避免不必要的稽查
```

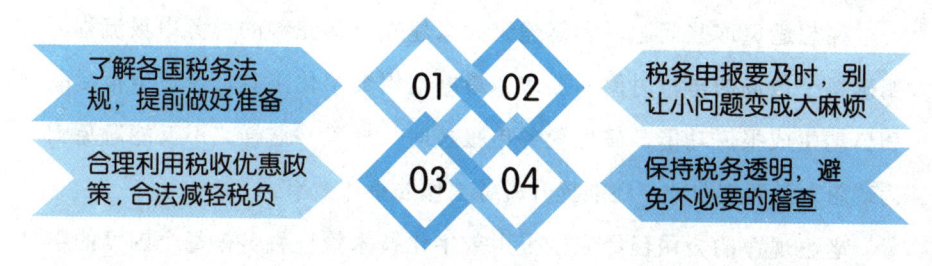

图 9-4　实践中跨境税务的四个应对策略

一、了解各国税务法规，提前做好准备

跨境经营的第一大挑战就是各国税法的复杂性。老赵过去总以为，只要按照国内的报税习惯就行，结果在国外市场接连碰壁。每个国家的税法、税率、申报流程都有很大的不同，尤其是增值税、关税和所得税这些最容易出问题的地方。如果企业不提前了解这些政策，很容易因为操作不当被罚款。

首先，老赵建议各位老板必须花时间了解每个市场的税务要求，不要想当然地认为所有国家的规则都一样。可以请当地的税务顾问，或者通过专业的税务平台来获取最新的税务信息，确保自己公司在每个国家的税务操作都合规。

老赵当时就通过一个跨境税务管理平台，实时查看不同国家的税务政策变化，提前做好准备，避免了因为政策更新带来的突发问题。

二、税务申报要及时，别让小问题变成大麻烦

老赵曾因为没有及时在国外市场完成税务申报，被罚了一大笔钱。跨境业务的税务申报时间各不相同，很多国家对逾期申报的处罚非常严格，有些甚至会加重罚款。老赵意识到，拖延申报或者忘记提交材料，都会导致不必要的麻烦。

要想避免这些问题，老赵建议大家建立一套完善的税务申报流程，明确每个市场的申报时间和要求。最好使用数字化工具，设置申报提醒和自动生成报表功能，确保税务申报按时、准确。这样，不仅能避免因为疏忽大意而交罚款，还能提升税务工作的整体效率。

老赵现在的公司已经完全采用数字化技术管理税务，每个国家的申报日期一到，系统就会自动提醒，税务报表也能一键生成，避免了手工操作带来的错误。

三、合理利用税收优惠政策，合法减轻税负

不同国家都有一些针对外资企业的税收优惠政策，特别是针对中小企业或者新兴市场的投资者。这些优惠政策可以帮助企业大大减轻税负，但前提是企业必须合规经营，并且了解这些政策的适用条件。

老赵通过聘请专业的税务顾问，深入研究了他公司所在市场的税收优惠政策，发现了很多之前忽略的减免机会。比如，一些国家对跨境电商的某些特定产品有税收优惠，或者在特定的投资区域开设分公司可以享受税收减免。合理利用这些政策，企业不仅可以合法节税，还能为未来的业务扩展铺平道路。

所以，老赵建议老板们，一定要主动去了解和利用各国的税收优惠政策。哪怕是小企业，也可以从中受益。千万不要错过这些合法的减税机会。

四、保持税务透明，避免不必要的稽查

跨境业务复杂，税务局对跨国公司的稽查力度也越来越大。特别是近年来，全球税务透明度提高，各国税务机关之间开始共享信息，企业的任何一点税务问题都可能被放大。老赵曾经因为某笔收入处理不透明，被税务局怀疑有逃税行为，导致公司被突击稽查，损失不小。

为了避免不必要的稽查，老赵建议公司一定要保持税务透明。无论是在国内还是国外，所有的收入、支出、合同和发票都要有清晰的记录，确保每一笔交易都能自证清白。平时定期进行内部审计，发现问题及时调整，避免积累成更大的麻烦。

老赵现在每年都会请税务专家来做一次内部税务审查，提前发现可能存在的漏洞，保持公司运营的税务透明度，再也没有因为税务问题被稽查过。

▶ **财税小贴士**

跨境税务合规是每个跨国公司必须面对的挑战，但只要提前做好准备，掌握关键策略，企业就能在全球市场上稳健前行。请记住：了解税法、及时申报、合理利用税收优惠、保持税务透明，这四点就是老赵分享的成功经验，也是跨境税务合规的关键。

第十章 持续优化税务合规,打造顶级企业

第一节
税务合规的关键要素

张老板是做餐饮的,这几年生意越做越大,开了好几家分店。起初,他觉得搞好饭菜质量、留住顾客就可以了。可没想到,随着公司规模扩大,税务问题变得越来越棘手。一次,因为账目不清,公司在税务申报时出了差错,结果被税务局查到了,不仅补交了税款,还交了一笔不小的罚款。张老板这才意识到,税务合规是公司必须解决的问题,稍有不慎,后果很严重。

为了避免再出问题,张老板开始学习如何搞定税务合规。他发现,要想企业稳健发展,税务合规是根基,必须掌握一些关键要素,才能确保公司不在这条路上栽跟头。

税务合规是每个企业都绕不开的重要课题,尤其是在税务监管日益严格的今天。搞定税务合规,不仅仅是为了避免罚款,更是为了企业的长期稳定发展。以下是税务合规的几个关键要素,帮助企业避免税务问题,轻松应对日常运营中的税务挑战(如图10-1所示)。

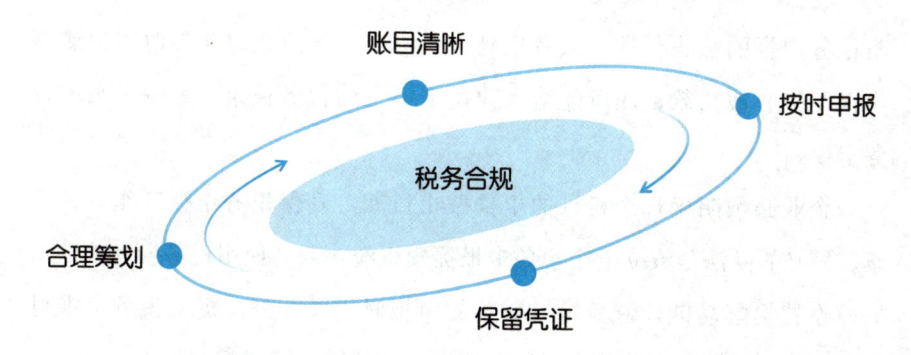

图 10-1　税务合规的四个关键要素

一、账目清晰，收入与支出精准对应

做好税务合规的第一步就是账目清晰。很多企业在税务申报时，最大的麻烦就是收入和支出对不上，发票不齐，或者漏记某些收入。这样不仅会让企业的财务管理混乱，还容易引起税务局的注意，甚至面临稽查和罚款。

公司必须养成定期对账的好习惯，确保每一笔收入、支出都有相应的凭证。收入要对应发票，支出要有合理的费用报销记录，确保账目完整且准确。建议每个月进行一次账务核对，发现问题及时调整，避免数据错漏。

张老板现在每个月都要求财务团队核对账目，确保所有收入、支出、发票和银行流水能对得上，避免因为小问题拖大，影响公司的税务申报。

二、按时申报，别拖延别忘记

按时申报是税务合规的基础要求。很多企业因为忙于业务，容易忽略税务申报的截止日期，或者拖延材料提交，导致错过申报时限。逾期申报不仅会被罚款，还可能给企业留下不良的税务记录，影响未来的税务审核。

企业必须明确每个税种的申报截止日期，确保税务申报工作有条不紊。最好的做法是设立一个税务申报提醒系统，或者使用税务管理软件，提前设置提醒功能，避免错过重要的申报时间。此外，提交税务申报材料时，务必确保数据的准确性，不要因为匆忙而出现错误。

> 张老板之前就是因为没赶上申报期被罚了款，现在他通过税务软件设置了自动提醒，每个月一到时间，系统就会通知财务团队准备报税材料，申报工作从此再也没有出现过延误。

三、保留凭证，发票和合同是"保护伞"

税务合规的另一个重要环节是保留好发票和合同。这些凭证不仅是企业收入和支出的证明材料，而且还是企业在税务稽查时的"保护伞"。没有发票或合同的支出可能被认为是虚假费用，税务局一旦发现问题，企业就可能面临补税和罚款的风险。

企业必须严格管理发票和合同，确保每一笔业务都有相应的凭证支持。无论是收入发票还是支出发票，都要按时索取并保留。合同也需要妥善管理，尤其是涉及大额交易的合同，必须确保条款合法合规。建议公司定期整理和归档这些材料，避免遗失。

> 张老板现在不仅要求每笔交易都开具发票，还定期检查合同的完整性，确保所有的收入和支出都有凭证和合同支撑。这样做，哪怕税务局来查账，公司也能轻松应对。

四、合理筹划,合法节税更轻松

税务合规并不意味着企业只能被动缴税。事实上,合理的税务筹划不仅能帮助企业合法节税,还能大大提升企业的财务管理水平。很多国家和地区都有针对企业的税收优惠政策,企业只要合法合规,就可以享受这些政策。

企业应定期了解并利用政府出台的税收优惠政策,例如研发费用加计扣除、小微企业税收减免等。通过合理的税务筹划,企业可以在符合法律法规的前提下,降低税负,提升企业的现金流和盈利能力。建议企业请专业的税务顾问,帮助制订个性化的税务筹划方案。

张老板过去并不重视税务筹划,认为缴税是必须的。后来在税务顾问的帮助下,他发现公司有很多可以享受的税收优惠政策。通过合理规划,他成功节省了一大笔税款,企业运营也更加轻松。

▶财税小贴士

搞定税务合规其实没那么难,只要掌握好几个关键点就行。保持账目清晰、按时申报、保留好凭证,再合理做好筹划,企业就能有效避开税务风险。千万别等到税务局找上门了才意识到问题的严重性。提前把这些功课做好,企业就能轻松应对税务合规的挑战,确保长期稳健发展。这样一来,咱们也能少点麻烦,多点安心!

第二节
税务合规的长期优化

老王经营了一家制造厂，刚开始生意不大，税务合规的事儿他也没太上心。几次被税务局罚款后，他意识到，搞好税务合规不仅是为了应付检查，更是为了让企业长远发展。于是他请了专业的财务顾问，开始认真整理公司账目、发票、合同，逐渐建立起了一套完善的税务管理体系。几年下来，老王发现税务合规不仅没让公司增加负担，反而让企业的财务状况越来越好，现金流也更加稳定了。

其实，税务合规并不是一次性就能完成的事，需要企业不断优化，才能越做越好。老王的成功经验告诉我们，只要掌握一些长期优化的策略，企业的税务合规工作不仅可以更轻松，还能为公司的发展助力。

税务合规是一项持续性的工作，企业不能指望一次性解决所有问题。要想让税务合规变得越来越好，企业需要从长期规划入手，不断优化税务管理流程，确保合规与效率并重。以下是几个重要措施，帮助企业实现税务合规的长期优化（如图10-2所示）。

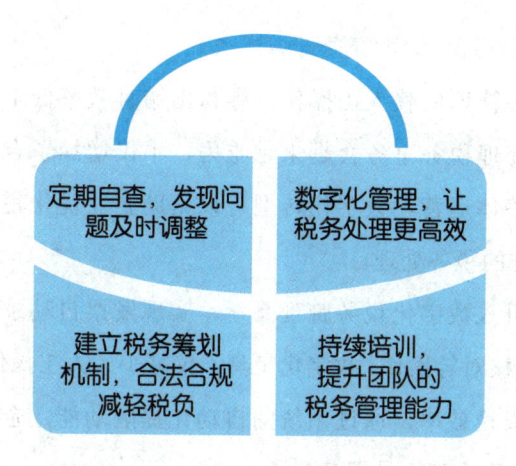

第十章　持续优化税务合规，打造顶级企业

图10-2　税务合规长期优化的四个重要措施

（图中四项：定期自查，发现问题及时调整；数字化管理，让税务处理更高效；建立税务筹划机制，合法合规减轻税负；持续培训，提升团队的税务管理能力）

一、定期自查，发现问题及时调整

税务合规不是一劳永逸的事，市场和政策变化快，企业的运营状况也在不断变化。如果企业不定期检查税务合规情况，可能会因为政策调整、流程变化或业务扩展而出现新的问题。

企业应该建立定期自查机制，每季度或半年对公司的税务申报、收入支出、发票管理等进行全面审查。通过自查，企业能够及时发现税务流程中的问题或漏洞，提前解决，避免等到税务局来查账时才发现问题。此外，自查还能帮助企业优化税务管理流程，让日常操作更加规范。

自从定期进行税务自查后，老王公司在报税前就能发现发票问题或申报不一致的情况，及时修正，避免了后续麻烦。他还发现，通过自查，公司能更好地应对政策变化，不再担心突如其来的税务稽查。

二、数字化管理，让税务处理更高效

传统的税务管理依赖人工操作，容易出错且效率低下。随着企业规模扩大，手工处理税务事务会越来越吃力，不仅增加了合规风险，还可能拖累企业的整体运营。数字化转型可以帮助企业优化税务管理流程，实现高效、精准的税务处理。

企业可以引入数字化税务管理系统，实现发票自动录入、报税自动生成、账目实时核对等操作。数字化工具不仅减少了人工操作带来的错误，还能大幅提升报税效率。通过系统的自动化提醒功能，企业能及时完成税务申报，避免因拖延而被罚款。

老王引入了数字化管理系统后，发票录入和报税流程自动化，财务部门的工作负担大大减轻。税务管理不仅变得更加高效，出错率也降低了不少，公司再也没有因为发票或申报错误被罚过。

三、建立税务筹划机制，合法合规减轻税负

税务筹划并不是只在年终盘点时才需要考虑的事，它应该是企业日常运营中的一项长期策略。通过合理的税务筹划，企业可以合法减轻税负，提升现金流，增强盈利能力。

企业应该定期审视自身的税务结构，寻找可以合法享受税收优惠政策的机会。比如，企业可以通过合理利用研发费用加计扣除、固定资产折旧减免等政策，减轻税负。同时，企业还应关注国家的税收政策变化，随时调整税务筹划方案，以确保合规的前提下享受最大的税收优惠。

老王请了专业的税务顾问，每年年初都会根据公司业务情况，制订一套税务筹划方案。通过合理利用税收优惠政策，他的公司不

第十章　持续优化税务合规，打造顶级企业　　**225**

仅减轻了税负，资金周转也更加灵活。

四、持续培训，提升团队的税务管理能力

税务合规不是某一个人的责任，它需要财务团队、业务团队的共同配合。因此，提升团队的税务管理能力，确保每个环节都符合合规要求，是企业税务管理优化的关键。

企业应定期为财务和业务团队提供税务培训，帮助他们了解最新的税务政策和合规要求。特别是涉及发票开具、合同管理和收入核算的部门，必须了解税务合规的基本原则，避免因操作不当影响公司的税务合规情况。

老王定期为员工安排税务合规培训，确保每个人都了解最新的税务规定。通过培训，公司减少了不少因为业务和财务配合不当导致的税务问题。

▶ 财税小贴士

税务合规的优化可不是一朝一夕就能搞定的事情，而是需要企业在日常运营中不断改进。通过定期自查、采用数字化管理、进行合理的税务筹划，以及给团队做培训，企业可以一步步完善自己的税务管理体系，做到既合规又高效。

各位老板，税务合规不仅能帮企业避免风险，还能为企业的长期发展打下坚实的基础。所以咱们得认真对待，把税务合规作为企业发展的重要一环。

老洪案例汇

政策与合规的双重考验

在江苏省某汽车零部件制造公司，一场关于税务合规的讨论正在紧张进行。财务总监王华接到税务局的通知，他们的退税申请被驳回了。原因是供应链中的一家核心供应商存在发票造假问题，导致公司被要求补缴退还的税款，并处以50万元的罚款。

王华对此表示质疑："当时我们所有的发票都是从系统里审核过的，怎么会出这种事？"然而，财务顾问李强分析指出，供应商发票的问题出在他们的上游，链条非常复杂，但公司没有尽到足够的审查义务。

此时，公司面临两大矛盾：一方面，利用政策享受税收优惠是公司拓展市场的重要手段；另一方面，税务合规稽查的风险也摆在眼前，特别是在供应链错综复杂的情况下，单靠公司自身的审查很难彻底防范风险。据了解，公司的供应商数量有30余家，其中有3家属于重点风险供应商。

在董事会会议上，CEO与财务总监展开了激烈的讨论。董事长怒斥财务部门的失职："王华，你有没有想过，我们的供应链审查这么不严谨，问题迟早会爆发！"而王华则试图辩解："可是我们已经按照标准流程走了，供应商问题在我们审核之外。"

面对这种情况，财务顾问李强插入讨论，建议公司紧急调整供应商审查流程，并尽快引入第三方审计机构。他强调："现在最重要的是采取行动解决问题，避免类似情况再次发生。"

经过一番讨论后，公司决定采纳李强的建议，立即着手改进供应商审查流程，并寻求专业的第三方审计机构协助。同时，公司也将加强内部培训和监督机制，确保今后能够更好地应对税务合规风险。

从案例中，我们可以看出该公司存在以下两方面的问题：

1. 供应链风险控制不足：在政策的推动下，制造业企业通过大量供应商合作来降低成本，但未对供应商的税务合规进行深度审查。这个案例揭示了供应链的复杂性，特别是在多层级供应商结构中，问题可能出现在任何一个环节。

2. 税务筹划与合规的平衡：虽然政策带来税务优惠，但如果没有有效的税务风险管理工具和审查机制，企业不仅不能享受政策红利，还可能面临巨大的税务风险。

我们可以建议该公司采取如下应对措施：

1. 引入外部审计：对供应商的合规性进行独立审计，特别是对于高风险的供应商，确保其发票的合法性和真实性。

2. 数字化税务管理：建立基于大数据的供应链风险监控系统，实时监控供应链中的税务合规情况，减少因发票问题带来的不必要风险。

第三节
税务合规与战略结合

　　李老板经营了一家服装制造公司,生意虽然还不错,但他总觉得企业的发展有点"卡住了"。竞争对手越来越多,市场也越来越卷,光靠打价格战、拉订单已经不够了。与此同时,公司在税务合规和法律问题上也出了几次差错,导致业务扩展受到了影响。李老板意识到,企业要想长远发展,光顾着业务是不行的,合规也必须提到战略层面去。

　　在听了专业顾问的建议后,李老板决定把合规作为企业发展战略的一部分,结果公司不仅在业务上更加稳健,还大大提升了市场竞争力。今天,他深刻体会到,合规不再只是应付监管要求,而是可以和企业战略结合,为公司带来更大竞争优势的关键。

　　在今天的商业环境下,企业竞争力的提升不仅仅依靠市场扩展和产品创新,合规管理已经成为企业长期发展的核心保障。税务合规不仅能避免法律风险,更能与企业的战略结合,帮助企业在激烈的市场竞争中获得先机。以下是如何将税务合规与企业战略结合的几个关键措施(如图10-3所示)。

第十章　持续优化税务合规，打造顶级企业

01　合规作为品牌战略的一部分，赢得市场信任

通过合规优化内部流程，提高运营效率　02

03　借助合规提升企业国际化竞争力

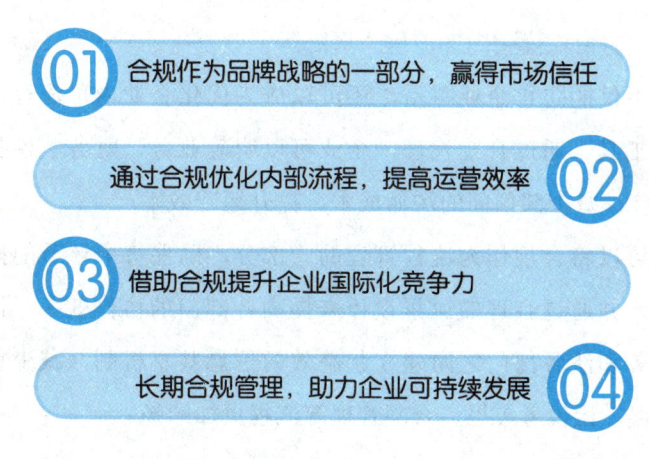

长期合规管理，助力企业可持续发展　04

图10-3　税务合规与企业战略结合的四个关键措施

一、合规作为品牌战略的一部分，赢得市场信任

消费者和合作伙伴越来越重视企业的诚信和责任感，尤其在税务、环保、社会责任等方面，合规经营已经成为品牌形象的一部分。如果企业能够在这些方面做到合规，赢得市场信任，那么品牌的竞争力也会大大提升。

企业可以将合规融入品牌建设，通过公开透明的运营方式，向消费者展示公司在税务、社会责任和环境保护等方面的合规表现。比如，企业可以通过定期发布合规报告，展示公司在这些领域的行动和成绩，树立负责任的企业形象。同时，合规也能让企业避免因不当行为而引发的负面舆论或法律纠纷，保护品牌声誉。

李老板在公司官网上定期发布税务合规和社会责任报告，向客户展示企业的诚信经营。这样的做法不仅提升了客户的信任度，还帮助公司赢得了更多政府和大客户的合作机会，品牌形象也得到了极大的提升。

二、通过合规优化内部流程，提高运营效率

合规不仅能防止企业踩雷，还可以成为优化企业内部流程、提高效率的重要工具。通过合规管理，企业可以明确业务、财务、税务等各个环节的责任，减少部门间的沟通成本，提升运营效率。

企业可以将合规作为流程管理的一部分，确保每个环节的操作符合法规要求，并通过合理的流程设计来提高各部门的协作效率。比如，在财务、业务和法务部门之间建立起高效的信息共享机制，减少重复操作和人为错误，让税务申报、合同管理等流程更加顺畅。

李老板通过引入合规管理系统，优化了公司内部的发票处理、合同签订和税务申报流程。现在，各部门之间的配合更加顺畅，错误减少了，效率提高了，公司整体运营也更加高效。

三、借助合规提升企业国际化竞争力

随着全球化的发展，很多企业逐渐参与到国际市场的竞争中。不同国家有不同的法律法规，尤其是在税务、环保、劳工权益等方面，要求非常严格。如果企业在这些方面不合规，不仅可能遭遇法律风险，还可能失去国际市场的准入资格。

企业在走向国际市场时，必须了解并遵守目标国家和地区的法律法规，特别是税务合规和环保要求。企业可以通过聘请国际合规专家，帮助梳理各个市场的合规需求，确保在进入新市场时避免合规风险。合规不仅能帮助企业顺利进入国际市场，还能让企业赢得国际客户的信任，提升全球竞争力。

李老板在公司计划拓展国际市场时，专门聘请了国际税务顾问，

确保公司的财务和税务操作符合国际市场的要求。通过这些合规准备，公司不仅成功进入了几个新的国际市场，还获得了多个国际品牌的订单合作机会。

四、长期合规管理，助力企业可持续发展

企业发展必须有长远眼光，短期的合规应付虽然能解决眼前的问题，但要实现长期的竞争力提升，企业需要将合规纳入长期战略规划中。合规管理不仅是应对监管，更是为企业的持续增长和风险防控提供坚实的基础。

企业应当制订长期的合规管理计划，并定期审视和更新。这不仅包括税务合规，还应涵盖环境保护、社会责任、劳工权益等方面的合规要求。通过定期的合规审查和风险评估，企业可以及时发现潜在风险，并提前采取措施防范。此外，长期的合规规划还能帮助企业树立在行业中的领军地位，增强市场竞争力。

通过长期的合规规划，李老板的公司在税务合规、环境保护和员工权益保障方面都有了清晰的策略。随着公司发展，这些长期规划不仅为企业规避了风险，还帮助公司建立了稳固的市场地位。

▶财税小贴士

合规不再是企业的负担，反而成为企业战略中的重要组成部分。通过将合规与企业战略结合，企业不仅能减少风险，还能提升品牌形象、优化运营效率、增强国际竞争力，甚至为长期发展奠定坚实的基础。别再把合规当作需要应付的差事，把它融入你的企业战略中，合规将成为你提升竞争力的秘密武器。

老洪案例汇

绿源科技的税务合规与战略结合提升竞争力

绿源科技是一家专注于可再生能源的企业，近年来在市场中迅速崛起。随着全球对可再生能源的关注增加，绿源科技抓住了这一趋势，快速扩展业务。然而，随着业务的增长，公司在税务合规方面面临着越来越多的挑战。为了确保企业的长远发展，绿源科技决定将税务合规与企业战略紧密结合，以提升市场竞争力。

在快速扩展的过程中，绿源科技发现，由于各国对可再生能源技术企业的税收政策不同，企业在不同市场的税务合规变得愈发复杂。尤其是在进入欧洲市场时，面对的增值税、环保税和各类补贴政策让公司财务团队倍感压力。此时，李总意识到，光靠应付各国税务局的要求已经无法满足企业的发展需求，必须将税务合规上升到战略层面。

李总首先定下了明确的企业战略目标：在未来三年内，绿源科技要在全球市场中占有更大的份额，特别是在欧洲和北美市场。为此，税务合规必须成为支持这一目标的重要部分。

为了确保税务合规与战略的有效结合，李总组建了一支跨部门的合规团队，包括财务、法律、市场和运营等部门的代表。这个团队的任务是研究各个市场的税务政策，确保企业的每一步开拓都符合法规要求。

李总还强调了员工培训的重要性。公司定期组织税务合规培训，帮助员工了解各国的税务法规和合规要求，培养大家的合规意识。

在实施阶段，绿源科技通过以下措施，将税务合规与企业战略紧密结合：

绿源科技在进入新的市场时，首先了解当地的税收优惠政策。例如，某些国家对可再生能源项目有专项税收减免政策，企业可以通过合法的税务筹划，利用这些优惠政策来降低税负。在进入德国市场时，公司申请了相关的税收补贴，大大减轻了项目启动的财务压力。

在全球布局中，绿源科技通过优化供应链管理，提高了税务合规的效率。李总推动采用了一套数字化的供应链管理系统，实时跟踪各类交易和发票，确保每一笔交易都能快速、准确地记录。这种透明化的管理不仅提高了税务合规效率，也增强了与合作伙伴的信任。

为了应对不断变化的国际税务环境，绿源科技设立了定期税务审查机制。每个季度，合规团队会对公司在各个市场的税务状况进行评估，确保所有操作都符合当地的法律法规，并及时调整策略应对新变化。

经过一段时间的努力，绿源科技的税务合规与企业战略结合取得了显著成效：

第一，市场份额增长。通过合理的税务筹划和合规，绿源科技成功降低了在关键市场的税负，增强了产品的竞争力。公司在欧洲市场的份额在短短两年内提升了15%，成为该领域的领军者。

第二，资金运作效率提升。合规管理的提升使得绿源科技能够更加灵活地运用资金。通过利用税收优惠政策，公司减少了初期投资的财务压力，快速回笼资金用于研发和市场推广，推动了新产品的推出。

第三，提升品牌形象。随着企业在税务合规方面的持续努力，绿源科技在业内树立了良好的品牌形象。客户和合作伙伴更加信任公司，愿意与其长期合作，进一步提升了公司的市场竞争力。

第四，风险控制能力增强。通过建立健全的合规体系，绿源科技大幅降低了税务风险，避免了因违规导致的处罚和声誉损失。这种有效的风险控制能力为企业的可持续发展奠定了基础。

第四节
税务合规的未来展望

作为一家中型科技公司的老板,老陈最近一直在关注税务方面的最新变化。税务局的监管越来越严格,各种新政策接踵而至,尤其是数字经济时代,税务合规变得更加复杂。老陈意识到,传统的税务管理模式已经很难应对未来的需求。如果不能提前准备、适应变化,企业可能会在未来的合规路上遇到大麻烦。于是,他开始思考:未来的税务合规会走向何方?企业又该如何跟上这些变化?

经过一番深入了解,老陈逐渐看清了税务合规的未来趋势。他明白,税务合规不仅仅是应对税务局检查,更是企业稳健运营、持续发展的关键。今天,让我们来看看税务合规未来的新方向,帮助企业老板们未雨绸缪,提前布局。

随着全球经济的快速发展,税务合规的环境也在不断变化。未来,税务合规不仅仅是企业运营中的一个环节,它将变得更加智能化、全球化和透明化。以下是税务合规未来发展的几个新方向,帮助企业老板提前做好准备,轻松应对未来的挑战(如图10-4所示)。

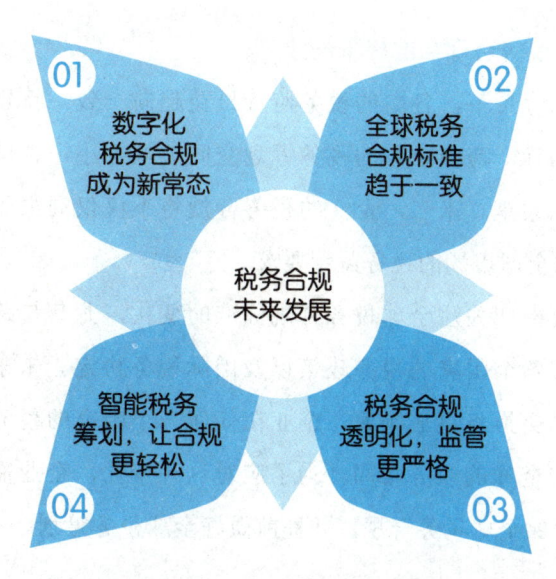

第十章　持续优化税务合规，打造顶级企业　**235**

图 10–4　税务合规未来发展的四个新方向

一、数字化税务合规成为新常态

随着科技的发展，税务合规的数字化已经成为不可阻挡的趋势。无论是税务申报、发票管理，还是财务数据的整理与审计，数字化工具正逐步取代传统的人工操作。未来，税务局也将全面数字化，要求企业通过电子系统进行报税、审核和监管，减少人为干预，提升合规效率。

企业必须适应税务合规的数字化转型，运用智能税务管理系统实现自动化报税、发票处理和数据核对。通过数字化工具，企业不仅可以实时掌握自己的财务和税务状况，还能减少人工操作带来的错误和风险。未来，人工录入、手工对账将逐渐被淘汰，数字化管理将成为税务合规的新常态。

老陈为公司引入了一套全新的税务管理系统，自动生成报税表、自动对接税务局的系统，让整个税务管理变得更加高效。现在，公司的报税流程不仅更快，出错率也大幅降低，这让老陈轻松不少。

二、全球税务合规标准趋于一致

在全球化背景下,各国的税务监管日益趋向一致。特别是随着全球最低税率的推行,跨国企业的税务筹划空间大幅缩小,各国税务部门也开始加强信息共享。未来,企业的税务合规将不仅仅局限于国内市场,而是需要考虑全球市场的税务监管要求。

企业需要密切关注全球税务合规标准的变化,尤其是跨国经营的企业,必须了解各个国家的税务政策以及国际税务协定。未来,全球范围内的税务信息交换将更加频繁,企业在任何一个国家的税务问题都有可能影响到其在全球的业务布局。为了应对这种变化,企业需要聘请国际税务顾问,确保全球税务合规,并提前做好全球税务筹划。

老陈的公司计划拓展海外市场,为此他专门研究了几个目标国家的税务政策,并聘请了国际税务顾问,帮助他规划公司的全球税务合规策略。这样一来,无论公司未来在哪个国家开展业务,税务合规问题都能轻松应对。

三、税务合规透明化,监管更严格

未来,税务合规的透明度将大大提高。随着技术的进步,税务局将通过大数据、人工智能等手段,实时监控企业的税务数据。企业的财务和税务操作不再只是内部事务,税务局可以随时获取企业的经营数据,发现异常便会立即进行稽查。这种透明化的税务监管要求企业必须确保每一笔收入、支出、发票和税务申报都符合规定,稍有不慎就可能引发监管问题。

企业需要建立更加透明的税务管理流程,确保所有的数据都能经得起检查。为了应对日益严格的税务稽查,企业应该定期进行内部审计,发现问题及时修正。特别是在数字经济时代，企业的每一笔交易、每一个合同都有可能被税务局审查，因此必须确保每一步操作都有据可查、合法合规。

> 老陈公司过去因为税务数据不够透明，遭遇过几次税务稽查。现在他通过加强内部审计，确保所有交易和发票的处理都符合税务局的要求，大大降低了税务风险。

四、智能税务筹划，让合规更轻松

税务合规不仅仅是防范风险，未来的合规管理将更加智能化。智能税务筹划工具将帮助企业根据自身的财务状况、市场环境和税务政策，自动生成最优的税务合规方案。通过大数据分析和人工智能技术，企业可以提前了解税务政策的变化，并根据最新的政策进行合理合法的税务筹划，既能合规，又能减少税负。

企业应该充分利用智能税务筹划工具，实现高效、合法的税务优化。通过实时监控税务政策的变化，企业能够提前做好应对准备，确保税务合规的同时，最大限度地享受政策优惠。此外，智能工具还能帮助企业规划未来的财务和税务管理，让公司在合规的基础上更加灵活应对市场变化。

> 老陈通过智能税务筹划工具，发现公司在享受小微企业税收优惠政策上还有很大空间。通过合理调整业务布局，他不仅合法减轻了公司的税负，还为未来的发展腾出了更多资金。

▶ **财税小贴士**

　　未来的税务合规，肯定会越来越数字化、全球化和智能化。企业得早点儿布局，用上那些新技术和新工具，不停地改进税务管理流程，确保既能合规又高效。现在就得动起来吧，多留意一下税务合规方面的新动向，这样咱们的企业才能在未来的市场竞争中站稳脚跟，游刃有余地应对各种变化。

图书在版编目（CIP）数据

企业财税合规实操指南：纳税筹划与稳定盈利 / 洪梅著 . -- 北京：中华工商联合出版社，2025.3.
ISBN 978-7-5158-4205-9

Ⅰ．F279.23-62；F812.423-62
中国国家版本馆CIP数据核字第2025YH8502号

企业财税合规实操指南：纳税筹划与稳定盈利

作　　　者：	洪　梅
出 品 人：	刘　刚
图 书 策 划：	蓝色畅想
责 任 编 辑：	吴建新　关山美
装 帧 设 计：	胡椒书衣
责 任 审 读：	付德华
责 任 印 制：	陈德松
出 版 发 行：	中华工商联合出版社有限责任公司
印　　　刷：	三河市九洲财鑫印刷有限公司
版　　　次：	2025年4月第1版
印　　　次：	2025年4月第1次印刷
开　　　本：	710mm×1000mm　1/16
字　　　数：	210千字
印　　　张：	15.5
书　　　号：	ISBN 978-7-5158-4205-9
定　　　价：	56.00元

服务热线：010-58301130-0（前台）

销售热线：010-58302977（网店部）
　　　　　010-58302166（门店部）
　　　　　010-58302837（馆配部、新媒体部）
　　　　　010-58302813（团购部）

地址邮编：北京市西城区西环广场A座
　　　　　19-20层，100044

http://www.chgscbs.cn

投稿热线：010-58302907（总编室）

投稿邮箱：1621239583@qq.com

工商联版图书
版权所有　盗版必究

凡本社图书出现印装质量问题，
请与印务部联系。

联系电话：010-58302915